DES COMMUNES

ET

DE L'ARISTOCRATIE,

Par M. DE BARANTE,

PAIR DE FRANCE.

Non valeo solus negotia vestra sustinere ; date ex vobis viros sapientes et quorum conversatio sit probata in tribubus vestris , ut ponam eos principes.

DEUTÉRONOME , *chap.* 1, *vers.* 12 et 13.

A PARIS,

A LA LIBRAIRIE FRANÇAISE DE LADVOCAT,

PALAIS-ROYAL, GALERIE DE BOIS, N°. 195.

30 NOVEMBRE 1821.

Po
16P

OUVRAGES RÉCEMMENT MIS EN VENTE
CHEZ LADVODAT.

DES MOYENS DE GOUVERNEMENT ET D'OPPOSI-
TION DANS L'ÉTAT ACTUEL DE LA FRANCE, par
F. Guizot. 2ᵉ. édition, avec cette épigraphe :

> « Les empires n'ont point de jours ni d'années critiques ; leur for-
> tune ne dépend pas de l'influence des corps célestes ; ils n'ont d'au-
> tre génie et ne connaissent d'autre destin que la bonne et la mauvaise
> administration. »
>
> *Discours Politiques* d'OMER TALON , 39ᵉ. disc.
> t. I. p. 336, édit. de 1821.

Un fort volume in-8°. de 400 pages.

Prix : 6 fr. 50 c. , et 8 fr. par la poste.

DU GOUVERNEMENT DE LA FRANCE DEPUIS LA
RESTAURATION , et du Ministère actuel ; par F. Guizot. 4ᵉ. édit. , revue , corrigée et augmentée d'un
Avant-propos et d'une Note sur les Révolutions d'Espagne, de Naples et de Portugal. 1 vol. in-8°. Prix :
5 fr. , et 6 fr. 50 c. par la poste.

NOTA. Le supplément aux DEUX PREMIÈRES ÉDITIONS de cet ouvrage, com-
posé d'un AVANT-PROPOS ET DE NOTES SUR LES RÉVOLUTIONS D'ESPAGNE ,
DE NAPLES ET DE PORTUGAL, forme près de 5 feuilles d'impression ; il est
imprimé de manière à pouvoir être relié avec l'ouvrage, et est indispensable
aux personnes qui ont acheté les deux premières éditions : il a été imprimé
à part dans le seul but de ne pas leur faire regretter l'empressement qu'elles
ont mis à se procurer cet important ouvrage. Il se vend séparément 1 fr.
50 c. , et 1 fr. 75 c. par la poste.

DES CONSPIRATIONS ET DE LA JUSTICE POLI-
TIQUE , par le même. Broch. in-8°. 3ᵉ. édit. Prix :
3 fr., et 3 fr. 50 c. par la poste.

DISCOURS D'OUVERTURE du Cours d'histoire mo-
derne ; prononcé par F. Guizot. Broch. in-8°. Prix :
1 fr., et 1 fr. 25 c. par la poste.

L'ÉCOLIER, ou Raoul et Victor, par madame Guizot, née Pauline de Meulan, auteur des *Enfans*, Contes. — 4 forts vol. in-12, ornés de 16 jolies gravures. Prix : 14 fr., et 17 fr. par la poste.

RODERICH, ou le Dernier des Goths; traduit de l'anglais par M. le baron de S***** de Robert Southey. Trois vol. in-12. Prix : 7 fr. 50 cent., et 9 fr. par la poste.

———⟐———

SOUS PRESSE.

COLLECTION DES CHEFS-D'OEUVRE DES THÉATRES ÉTRANGERS (*Allemand, Anglais, Espagnol, Portugais, Italien, Hollandais, Suédois, Russe,* etc.) traduits en français par MM. Aignan, Andrieux, membres de l'Académie française; le baron de Barante, Cohen, Esménard, Guizard, Guizot, Labaumelle, Merville, Charles Nodier, Pichot, Remusat, Trognon, le comte de Saint-Aulaire, Villemain, membre de l'Académie française.

Vingt volumes in-8°. de 500 pages chacun.

Prix : 5 fr. chaque volume.

Nota. Deux livraisons, composées chacune d'un volume, paraissent chaque mois. Cette collection est imprimée sur le même papier et avec le même caractère que les OEuvres de Shakspeare et de Schiller, publiées par le même Éditeur. (*On ne paie rien d'avance.*) On distribue *gratis* le Prospectus chez l'Éditeur.

DE LA LITTÉRATURE AU DIX-HUITIÈME SIÈCLE, par M. le baron de Barante, pair de France. Un volume in-8°.

Cet ouvrage, dont nous réimprimons une troisième édition, a été traduit dans plusieurs langues étrangères, et il est depuis fort long-temps extrêmement difficile à trouver.

DES

COMMUNES

ET

DE L'ARISTOCRATIE.

IMPRIMERIE DE FAIN, PLACE DE L'ODÉON.

DES

COMMUNES

ET

DE L'ARISTOCRATIE,

PAR M. DE BARANTE,

PAIR DE FRANCE.

Non valeo solus negotia vestra sustinere; date ex vobis viros sapientes et quorum conversatio sit probata in tribubus vestris, ut ponam eos principes.

DEUTÉRONOME, *chap.* 1, *vers.* 12 *et* 13.

A PARIS,

A LA LIBRAIRIE FRANÇAISE DE LADVOCAT,

PALAIS-ROYAL, GALERIE DE BOIS, N°. 195.

1821.

TABLE

DES CHAPITRES.

———

	Pages
CHAPITRE PREMIER. — Ce qu'ont été les communes.	1
CHAP. II. — Ce que pourraient être les communes.	13
CHAP. III. — De ce qu'a été l'aristocratie.	24
CHAP. IV. — Des tentatives faites pour constituer une aristocratie en Francé.	60
CHAP. V. — De la division des propriétés.	92
CHAP. VI. — De la liberté d'industrie.	115
CHAP. VII. — D'une aristocratie selon la Charte.	132
CHAP. VIII. — Des départemens.	158
CHAP. IX. — Des conseils généraux.	174

ij

	Pages
CHAP. X. — Des préfets.	196
CHAP. XI. — Des municipalités rurales.	213
CHAP. XII. — Des villes.	242
CHAP. XIII. — Résumé.	252

FIN DE LA TABLE.

DES

COMMUNES

ET

DE L'ARISTOCRATIE.

Non valeo solus negotia vestra sustinere; date ex vobis viros sapientes et quorum conversatio sit probata in tribubus vestris, ut ponam eos principes.

DEUTÉRONOME, *chap.* I, *vers.* 12 *et* 13.

~~~~~~

CHAPITRE PREMIER.

Ce qu'ont été les communes.

Les plus grands états se sont formés par la réunion successive de diverses portions de territoire, de diverses masses de population qui apportaient, dans cette agrégation plus

<div align="center">1</div>
~~~~~~

souvent contrainte que volontaire, des coutumes, des lois et des intérêts particuliers.

Ces coutumes, ces lois, ces intérêts, ont été plus ou moins reconnus, ont gardé plus ou moins l'apparence positive du droit; mais, qu'on les ait traités avec justice ou avec violence, ils n'en existaient pas moins. En ce sens, les communes sont plus anciennes que les monarchies, comme disent les savans éditeurs des ordonnances de nos rois.

Les philosophes raisonnent toujours sur la société, en la supposant formée d'individus qui se réunissent sans autres titres que les droits naturels de l'homme, ceux que la Providence a institués en créant l'homme tel qu'il est. L'histoire nous montre les nations sous un aspect plus réel et plus pratique, en leur assignant pour origine une association de communes.

Dans toute l'Europe, il est resté des traces des communes et de leur existence propre : en général la chaîne des droits positifs n'a pas été complétement rompue. Ils ont pu avoir plus ou moins de force. Tantôt le pouvoir absolu a respecté quelques-unes de leurs formes, tantôt ils ont servi d'origine et de garantie à la liberté. En France, la révolution a anéanti les droits positifs; elle a procédé comme une théorie sociale; elle a proclamé les droits naturels des individus; elle a prétendu les mettre en harmonie avec les besoins de la société entière, sans reconnaître les sociétés communales qui existaient dans son sein; elle a anéanti les communes, et les a englouties dans la nation.

Il est superflu d'examiner si, en cela comme en beaucoup d'autres choses, la révolution n'a pas seulement manifesté une destruction déjà consommée. On pourrait montrer facilement que les droits des communes n'avaient pas plus de fixité ni de garantie que tous les autres droits publics de la monarchie française. On pourrait faire une longue histoire de toutes les variations et de toutes les incertitudes qui régnaient aussi-bien dans la constitution de la commune, que dans ce qu'on appelle la constitution du royaume (1). Il suffit de reconnaître la situation où nous sommes.

Le premier but des sociétés communales fut de conserver ou d'acquérir une protection que les souverains ne pouvaient pas accorder à leurs sujets. Les rois de France, impuissans à défendre les communes contre la tyrannie des seigneurs, autorisèrent ces corporations de citoyens à chercher en elles-mêmes des garanties contre le désordre et l'oppression; d'autres fois ils reconnurent ces droits comme existans avant la réunion des provinces

---

(1) La cause du mal, sire, vient de ce que votre nation n'a point de constitution; c'est une société composée de divers ordres mal unis, d'un peuple dont les membres n'ont entre eux que très-peu de liens sociaux, où par conséquent personne n'est occupé que de son intérêt exclusif, où presque personne ne s'embarrasse de remplir ses devoirs ni de connaître ses rapports avec les autres.

(M. Turgot, *Mémoire au roi.*)

à la France. Conformément aux idées de ce temps-là, les véritables communes furent constituées dans des droits politiques; car il ne suffisait pas à une ville d'avoir sa coutume, sa justice, l'élection de ses magistrats, la répartition de ses taxes, pour être une commune : tant qu'elle ne jouissait de ces avantages que sous l'autorité royale, elle vivait par grâce, et non par droit. Elle devait de plus être reconnue et autorisée à se former en association indépendante (1); elle devait prendre rang parmi les membres de cette fédération féodale dont le roi était le chef; elle était pour ainsi dire inféodée à elle-même. Il fallait, alors, n'être pas moins que souverain pour pouvoir être libre.

C'était donc dans des institutions locales que les citoyens allaient chercher tous les bienfaits que, dans les idées actuelles, on considère maintenant comme le devoir, le

---

(1) *Collection des Ordonnances des rois de France*, tome XI.

but spécial du gouvernement des nations. Mais, à mesure que le pouvoir du monarque acquit une force plus grande, son intervention devint plus efficace pour procurer le bon ordre aux peuples. Il pouvait de mieux en mieux défendre les communes contre les seigneurs. Comme le caractère principal de l'histoire de France a été la lutte soutenue contre les seigneurs, à la fois par l'autorité royale et les communes, et les secours mutuels qu'elles se sont sans cesse portés, il arriva que, lorsque cette lutte fut terminée, la nation et les communes n'ayant jamais reçu qu'aide et protection de la couronne, ayant vécu sans méfiance et sans précaution avec cette bienfaisante alliée, se trouvèrent sans nulle garantie contre elle, quand elle fut le pouvoir unique. Ainsi disparurent successivement presque toutes les libertés communales; elles cessèrent surtout de protéger en rien les droits généraux des citoyens. Si quelques-unes ont subsisté jusqu'à ces derniers temps, avec grand honneur et avantage, elles s'étaient insensiblement restreintes à la gestion des intérêts locaux, et à une action sur la forme de l'impôt.

Cependant, ces derniers restes de nos vieilles coutumes, ces débris d'une constitution qui n'avait jamais été complétement établie ni reconnue, servaient de point d'appui à l'opinion, étaient encore utiles pour rassembler les citoyens par quelques liens communs. Il n'y avait point de droits : non-seulement ils n'étaient pas écrits, ce qui ne signifie pas grand'chose, mais ils n'étaient ni avoués, ni respectés. Toutefois, dans la nation comme dans le gouvernement, il existait des corporations de citoyens. Par cela seul le pouvoir absolu rencontrait des obstacles : rien ne le guidait, mais il était parfois contrarié.

Ce fut sous le règne des deux fondateurs de l'égalité en France, le cardinal de Richelieu et Louis XIV, que disparurent complétement les dernières traces vivantes du règne féodal où les libertés communales s'étaient venues encadrer comme exception et comme remède. Alors commença ce qu'on nomme l'administration (1) : tout pouvoir et tout droit politique ayant disparu devant l'autorité royale, les citoyens se trouvèrent en relation directe avec elle ; il fallut qu'elle veillât à leur faire accomplir les obligations qu'elle leur imposait. Ce fut pour lors un grand bienfait; l'ordre, si long-temps troublé, se trouva rétabli par cette intervention universelle du monarque. Mais la source des institutions nationales était tarie ; les principes de la vie étaient retirés à tout pouvoir intermédiaire; toute communication régulière du souverain avec le peuple, toute action légale de l'opinion générale, étaient interdites (2).

---

(1) Sous Louis XIV, notre gouvernement s'est tout-à-fait arrangé sur un nouveau système, qui est la volonté absolue des ministres. L'on a abrogé tout ce qui partageait cette autorité.

(M. d'Argenson, *Gouvernement de la France.*)

(2) Les peuples sont soumis, au point de n'avoir pas la force de connaître où sont leurs véritables intérêts.

(M. d'Argenson, *Gouvernement de la France.*)

Sans agrandir trop notre sujet, sans rechercher les effets généraux de ce gouvernement, que tempérait seulement l'influence irrégulière qu'avait l'esprit public sur la conduite des affaires de l'état, ne parlons que de l'administration, et rappelons dans quel état déplorable elle fut jetée aussitôt après la mort des hommes remarquables qui l'avaient créée pendant la première partie du règne de Louis XIV. Le jeu régulier de la machine ne survécut point à celui qui l'avait mise en activité; après Colbert, l'administration générale du royaume fut une triste succession de faiblesse, d'incapacité et de mauvaise foi. Lorsque des intentions pures et des vues éclairées apparurent dans les ministères, tant d'obstacles s'opposaient au bien public, que les tentatives les plus heureuses n'étaient que passagères.

Que si nous descendons aux commissaires départis pour représenter l'autorité ministérielle dans les provinces, nous trouvons des témoignages bien plus universels et plus prononcés des vices de cette administration que rien ne contrôlait. Sans doute les intendans furent, au premier moment de leur institution, un moyen efficace de rétablir l'ordre; mais le bienfait fut momentané, et les conséquences de cette délégation du pouvoir absolu devaient s'étendre sur tout l'avenir.

« Le peuple, dit M. de Boulainvilliers, ima-
» gina que l'intendant serait un protecteur
» pour lui contre l'autorité de la noblesse,
» qui ne laissait pas de l'incommoder en-
» core....... Il n'a appris que long-temps
» après, par une expérience bien douloureuse,
» que ces nouveaux magistrats devaient être
» les instrumens immédiats de sa misère;
» que la vie, les biens, les familles, tout
» serait à leur disposition; maîtres des en-
» fans jusqu'à les enrôler par force; maîtres
» des biens jusqu'à ôter la subsistance; maî-
» tres de la vie jusqu'à la prison, le gibet et
» la roue.»

Ailleurs le même écrivain avait dit: « L'op-
» position que formèrent presque tous les

» peuples de la monarchie à cette nouveauté
» fut le dernier effort de la liberté française,
» et, après la légère et inutile résistance qu'ils
» y apportèrent, les plaies dont nous sommes
» frappés se sont succédées les unes les autres
» d'année en année, et nous ont enfin réduit
» à l'accablement présent. »

Toute autorité se corrompt et s'affaiblit lorsqu'elle est absolue, et lorsqu'elle n'admet pas régulièrement la discussion de ses actes : voilà ce qui ressort de toutes les expériences grandes ou petites, depuis le gouvernement d'un peuple jusqu'à l'administration d'une commune ; aussi les provinces qui, pour leurs intérêts locaux, avaient conservé quelques libertés offraient-elles l'exemple d'une administration utile et paternelle que leur enviait le reste du royaume.

Pendant le cours du dix-huitième siècle, tous les ministres amis du bien public ont aspiré à imiter ce modèle, dans l'intérêt même du roi ; pour que le pouvoir monarchique vît ses affaires mieux faites, ils demandaient

que l'administratisn locale cessât d'être despotique. Ils y appelaient une représentation
locale ; ils reconnaissaient que la surveillance
venue d'en haut était faible et presque illusoire,
en comparaison du contrôle venu d'en-bas.

Le plus souvent même il n'entrait dans de
telles propositions aucune idée de chercher
des garanties aux droits politiques ; c'était en
respectant la puissance absolue et législative
de la couronne, qu'on souhaitait de voir ses
commandemens plus régulièrement obéis.
Sans doute de plus hautes garanties seraient,
par la force des choses, venues se placer là ;
mais alors on n'y pensait pas.

CHAPITRE II.

Ce que pourraient être les communes.

Maintenant ce n'est plus dans une représentation locale, ce n'est plus en faisant contrôler les agens d'exécution par des délibérations civiques qu'il faudrait chercher ou espérer les garanties positives des droits publics. La charte y a pourvu, ou doit y pourvoir. La liberté individuelle, la propriété, l'industrie, la loyale administration de la justice, l'économie des dépenses publiques, sont tous la sauvegarde de nos formes centrales de gouvernement. Le libre vote de l'impôt, la discussion publique, la triple volonté nécessaire pour la loi, la responsabilité des ministres, le droit de pétition, la liberté de la presse, quand elle aura recouvré la publicité qui la rend efficace, composent un système de défense autour des droits des citoyens.

Toutes les idées actuelles sont dirigées dans cette voie, et ce serait aller contre l'opinion le plus généralement accréditée que de confier aux institutions communales le soin d'établir et de conserver la liberté. En effet, dans cette sphère restreinte, le contrôle destiné à défendre les faibles contre les puissans, ou le citoyen contre les injustices de l'autorité, serait exercé par une délibération obscure et sans énergie, par une opinion peu éclairée et dont la voix ne retentit pas au loin; tandis que, dans la sphère plus ample des intérêts généraux, le violateur d'un droit a au-dessus de lui toute la hiérarchie des magistrats publics, beaucoup moins accessibles aux partialités personnelles que les magistrats locaux; puis, pour se garantir de l'erreur ou de l'injustice de ces magistrats, l'opprimé a pour recours une vaste publicité, l'opinion générale, et l'intervention directe ou indirecte des chambres.

Il ne faut donc pas s'étonner si la France se passe si facilement de toute institution communale ; si, depuis sept années qu'elle a cessé d'avoir un gouvernement absolu, elle en conserve, sans nulle impatience populaire, tout le mécanisme d'exécution. Chacun pouvant jouir librement de sa personne, de sa propriété, de son industrie, n'a pas beaucoup à souffrir de la gestion plus ou moins raisonnable des intérêts de localité. Les contestations avec le fisc se règlent presque toutes d'après le droit commun, devant les tribunaux ordinaires ; les impôts de répartition sont, il est vrai, sous la juridiction administrative ; mais les bases de la contribution foncière, tout imparfaites qu'elles soient, sont assez fixes pour ne pas admettre beaucoup d'arbitraire. C'était la grande calamité de la gestion des intendans ; c'était surtout pour se garantir de l'impudente iniquité des répartitions d'impôts, que l'on réclamait si vivement des administrations provinciales ; aujourd'hui les garanties sont placées ailleurs, elles résultent de la meilleure législation d'impôts qui existe en Europe.

Des chemins plus ou moins bien réparés, des constructions négligées, de très-petites dépenses mal faites, des jouissances communes en mauvais ordre, des conseils généraux ou municipaux qui votent comme souscription volontaire une contribution forcée sur des citoyens dont ils ne sont pas les délégués; ce ne sont pas là encore de ces graves abus qui soulèvent les mécontentemens populaires. Chacun les remarque sans doute; mais le citoyen n'ayant aucun moyen de les prévenir, n'ayant pas une action quelconque à exercer sur ce qui le touche de si près, n'en vaque pas moins au soin de ses intérêts privés, à l'exercice de son industrie, et tâche de prendre sa part dans la merveilleuse prospérité dont la France jouit en ce moment.

Mais pour n'être pas encore apparens, les effets de cette indifférence sociale, de ce complet isolement de chaque citoyen dans son propre intérêt, n'en sont pas moins tristes et menaçans. Aucun, n'étant pour rien dans la chose publique, se trouvant séparé

de toute action politique, s'accoutume chaque jour de plus en plus à regarder le gouvernement comme un pouvoir étranger, qui,
moyennant un tribut, vous doit repos, justice et bien-être. Tout le monde ne peut pas
être député, ni même électeur ; les discussions publiques des chambres ne sont pas à la
portée de tous. Il est des intérêts plus restreints et plus positifs qui seraient l'aliment
naturel de l'activité et de la connaissance des
citoyens. Au lieu de cela, il n'existe pas, dans
les provinces, un objet quelconque qui puisse
occuper les esprits, absorber les ambitions,
former aux affaires par l'expérience, remettre les imaginations vides dans le vrai et dans
le positif. Les vieilles rancunes de la révolution, la résurrection de quelques sottes vanités qui en ont recruté d'autres nouvelles et
plus ridicules, l'ignoble sollicitation des emplois, les jalousies et les haines toujours crois-
santes, la lecture des journaux et des brochures de sa propre opinion, les intrigues
ministérielles et les cabales des chambres tra-

vesties à travers une cascade de commérages t
tel est le spectacle de la politique de pro-
vince. Tandis, qu'au-dessous de ce vain par-
lage, restreint à un bien plus petit nombre d'individus qu'on ne le pense, la foule des citoyens
s'occupe avec ardeur et persévérance du soin
d'améliorer sa situation par l'industrie, le
commerce ou l'économie; se plaint du gouvernement dès qu'il y a une circonstance
quelconque qui n'est pas favorable; le rend
responsable de la baisse et de la hausse des
marchandises et des denrées; s'aigrit contre
lui, même à propos de l'intempérie des saisons; ne veut être gênée en rien par lui, et
veut qu'il réponde de tout; par imprévoyance
et défaut de lumière, ne s'attache pas à l'ordre de choses qui lui est bon, et ne sait d'autre inquiétude que : « Me fera-t-on porter
» double bât, double charge ? »

La libre et régulière gestion des affaires
locales n'est donc pas une question indiffé-
rente aux droits publics, ni restreinte à son
objet apparent. L'habitude de traiter avec

indépendance les intérêts qui sont à leur portée, de délibérer sur ce que leur vue et leur esprit embrassent facilement, de se réunir et de se concerter pour faire prévaloir une conviction éclairée, donne aux citoyens un caractère de force et de sagesse, les tire de l'isolement et de l'apathie, leur enseigne à connaître et à aimer l'ordre public, et en même temps à ne point trembler docilement devant les hommes revêtus de puissance. Des occupations de cette nature entrent comme élément nécessaire dans les mœurs d'un pays libre. Si la France continuait à n'offrir d'autre constitution sociale qu'un gouvernement et des sujets, on aurait vainement tenté de donner à ce gouvernement des formes de délibération et de liberté, la nation n'en acquerrait ni plus de sécurité, ni plus de dignité. Le moindre changement arrivé dans la région élevée et étroite des pouvoirs politiques, un succès obtenu par surprise, une intrigue qui déplacerait quelques hommes, une sédition qui jetterait l'épouvante, après avoir tout changé au centre, trouveraient un peuple incapable de toute résistance régulière, un servile troupeau qui attend son sort sans savoir y influer, et qui ne connaît que la bassesse ou la révolte. Le gouvernement représentatif posé sur la constitution sociale du bas-empire ne pourrait y prendre racine, ne saurait y fructifier; il ne serait bientôt plus qu'une forme vaine et mensongère.

De cette espèce d'interdiction générale des citoyens, il résulte que le gouvernement reste chargé d'agir pour tout et pour tous; et, en conséquence, de couvrir le territoire d'employés exécuteurs de ses ordres. Le pouvoir descend ainsi du souverain aux individus sans autres intermédiaires que ses serviteurs. Rien ne se fait que par commandement et obéissance. C'est ce que les hommes sensés avaient déjà observé autrefois en examinant le régime des intendans. L'autorité y était sans doute plus arbitraire que dans notre administration actuelle; pourtant elle était moins minutieuse et ne pénétrait pas ainsi dans les

moindres veines de la vie sociale. « Cette
» institution, disait M. de Boulainvilliers, dé-
» truit les liens sacrés de la société , nous ré-
» duisant à vivre attentifs à nos seuls inté-
» rêts. »

Au contraire, dans une société bien constituée, la volonté et le bon gré des citoyens,
non-seulement entrent comme élémens dans
les lois et la conduite générale de l'état , au
moyen d'une délégation fictive ; mais par une
combinaison plus réelle encore viennent ai-
der à l'exécution de ces lois , au maintien du
bon ordre, à l'amélioration de toutes choses.
Le supérieur exerçant une influence libre et
bienfaisante sur les inférieurs remplace l'action
rude des préposés de l'autorité. Des liens d'affection, de confiance et d'habitude sont sub-
stitués à des relations qui ne supposent ni
n'entretiennent aucune affection pour le gouvernement. De la sorte on a des magistrats ;
aujourd'hui il n'y a que des employés. Qui
dit magistrat, suppose l'obéissance à des devoirs fixes, la responsabilité propre ; qui dit

employé, suppose l'obéissance à la volonté d'un chef, et l'absence de toute détermination personnelle. En même temps, pour que cette autorité patronale du supérieur puisse garder ce caractère libre, et que la prééminence reste une magistrature et non un avantage individuel, il est nécessaire que les citoyens soient appelés à la créer ou à la confirmer, soit par leurs suffrages, soit par leurs délibérations.

Et ainsi une administration des intérêts locaux instituée sur de telles bases ferait naître et perpétuerait les deux élémens les plus moraux et les plus salutaires qui puissent garantir la liberté d'une nation : l'esprit d'association entre les citoyens, qui est le principe des communes; et l'emploi des supériorités sociales à l'intérêt général, qui est le seul principe juste et raisonnable de l'aristocratie.

Une loi sur l'administration doit donc se proposer ce double but : le bon ordre dans les affaires, et une meilleure constitution de la société. L'on pourrait dire que le second point est beaucoup plus important que le premier ; mais ils sont si intimement liés, que le meilleur mode d'administration doit être aussi celui qui créera dans la nation le meilleur esprit public et la meilleure hiérarchie sociale. Examinons d'abord quels élémens de hiérarchie offre la France actuelle, et comment ils pourraient être appliqués à l'utilité générale.

CHAPITRE III.

De ce qu'a été l'aristocratie.

BEAUCOUP d'écrivains ont douté que la constitution féodale ait jamais produit un ordre légal et régulier ; il leur a semblé que le pouvoir absolu du fort sur le faible n'avait pas dû, quoique la raison, l'honneur et la religion le conseillassent, prendre habituellement un caractère paternel et protecteur. Ils n'ont vu dans ce régime qu'une continuation de l'état de conquête mal mitigé par des garanties incertaines, une absence de toute puissance publique, une usurpation continuelle, une véritable barbarie. D'autres, au contraire, ont voulu expliquer comment la constitution d'une nation pouvait consister uniquement dans\ la classification de ses citoyens, comment ce pouvait être l'unique garantie de l'ordre public. Ils ont comparé la domination féodale à une sorte d'autorité paternelle s'exerçant sur la maison et la famille agrandies ; ils ont montré le mécanisme de tous ces petits états de divers degrés et de diverses sortes qui, se gouvernant par leurs règles intérieures, devaient se réunir, par un lien commun, en une même patrie. Peignant ainsi l'idéal de la féodalité, ils l'ont présentée comme une noble période dans l'histoire des sociétés, comme un temps où l'existence humaine était libre, grande, forte, assujettie par les sentimens et les croyances, et non pas par des obligations imposées par la force publique. Les liens mutuels de dépendance et de protection leur ont semblé d'une nature plus morale que les lois écrites et leur joug universel. Le faible a été par eux comparé à l'enfant qu'on doit laisser croître avant de le laisser intervenir dans les affaires de la famille.

Quoi qu'il en soit, ce régime ne devait subsister que dans une société peu civilisée. Pour que des hommes puissent se contenter d'une protection variable et arbitraire, pour que leur seule garantie soit l'intérêt bien ou mal calculé de leurs supérieurs, pour qu'ils se tiennent satisfaits des relations du domestique au maître, il faut que leur existence soit encore bien petite et bien restreinte. Le labeur grossier du paysan pouvait bien s'exercer sous cette domination et y trouver quelque sécurité; mais le trafic, l'industrie, le savoir, réclament un autre genre de protection, et ont quelque force de plus pour l'exiger. Il fallait donc que les choses se réglassent de manière à ce que la classe sujette pût faire entendre sa voix : la représentation lui fut accordée dans les états du royaume.

Et comme en même temps les relations des citoyens entre eux devenaient plus variées et plus compliquées, comme la société plus heureuse avait besoin que son bien-être fût préservé au dedans ou au dehors de trouble et d'attaque, la puissance publique acquérait successivement plus de force et d'action. Elle devenait plus exigeante, elle imposait plus de devoirs aux citoyens; car les droits des uns sont les devoirs des autres.

La création d'un revenu public, la nécessité de percevoir des impôts fut de toutes les circonstances celle qui hâta le plus l'accroissement du pouvoir royal, et qui établit le plus tôt ses rapports avec le gros de la nation. En effet, lorsqu'on commença à demander d'abord des tributs aux possesseurs féodaux, ils furent si rudes percepteurs des deniers publics, ils *taillèrent haut et bas* leurs vassaux de telle façon, qu'il en advint les plus sanglantes révoltes qu'on ait jamais vues. Les narrateurs contemporains n'assignent point d'autre cause aux massacres de la *Jacquerie*.

L'oppression inique des inférieurs par les supérieurs, la prévarication continuelle de la magistrature féodale, non-seulement révoltaient la justice, mais amoindrissaient, par le désordre, les forces de la nation et le pouvoir des rois. Ainsi la couronne se trouva faire cause commune avec les victimes de ce règne de violence; elle profitait chaque jour de leur émancipation. Plus la classe inférieure devenait nombreuse, riche, éclairée et industrieuse, plus elle prenait d'espace dans la nation, plus les rois voyaient leur rôle s'agrandir. Mais cette union était tacite et involontaire. La personne des rois demeurait entourée, investie de la classe supérieure; ils ne semblaient régner que pour elle; et cependant leur autorité, étant sans cesse en lutte avec cette aristocratie, se liguait avec tous ses ennemis. Les rois portaient secours aux opprimés, mais c'était seulement pour réprimer les indociles.

Tel était le cours de la civilisation, ou, en d'autres termes, du bon ordre. Maintenant quelques-uns accusent les hommes, les siècles, les doctrines, et ne reconnaissent pas les indispensables lois de la nature des choses. Ils ne veulent pas que les astres aient parcouru leur orbite; ils ne veulent pas que le fleuve coule de sa source jusqu'à l'Océan.

Il ne s'agit pas même ici de prononcer quelle époque de la société mérite le plus d'être approuvée et admirée, quelles mœurs offrent un aspect plus grand ou plus poétique, quel état social agrandit ou anoblit davantage l'existence humaine. Chacun, suivant son penchant, peut à son gré distribuer ses hommages ou se complaire dans ses idées. Le passé, par cela seul qu'il est le passé, se présente toujours comme solennel, et il exerce un grand pouvoir sur l'imagination. Elle se plaît à en composer un tableau idéal, et nous console des misères du temps présent en créant des âges d'or où ont vécu nos pères.

Nous ne prétendons pas non plus démontrer que ce progrès des idées et des relations sociales soit une carrière indéfinie de perfectionnement. Peut-être la vie des peuples, comme la vie des mortels, n'est-elle qu'une marche journalière vers la destruction. Sans doute, lorsque, voyant l'âge s'avancer, on croit apercevoir les tristes symptômes de la décrépitude et de la mort, il est naturel de s'affliger profondément. Toutefois, comme chaque période de la vie a son tempérament et sa constitution particulière, il importe de le bien connaître pour lui appliquer le régime qui lui est propre. Il faut apprendre à ne point donner à la vieillesse les remèdes de l'enfance. Car enfin, si cette carrière mortelle des peuples a un but inévitable, au moins peut-il être atteint plus tard ou plus tôt; leur vie, si elle doit nécessairement finir, peut au moins être rendue meilleure par la force et la santé. Et quel moyen d'en retarder et d'en embellir le cours, si ce n'est la connaissance nette et sans illusions de l'état où l'on se trouve, de l'époque critique qu'on doit franchir, et conséquemment du régime qu'il faut suivre? Dans cette marche de la société, tout se tient, tout est indissolublement lié; l'effet de la veille devient cause du lendemain. Il n'y a pas un jour qu'on ne puisse imputer à celui qui l'a précédé. Le moment qu'on admire contenait le germe infaillible du moment qu'on veut blâmer. Vainement discutez-vous les motifs de blâme; voyez plutôt les faits, efforcez-vous de connaître leur liaison, de chercher comment ils se sont produits successivement les uns les autres, et de prévoir leur futur enchaînement.

Ainsi une classe d'homme avait été rendue sujette, parce qu'elle s'était trouvée faible. Delà, elle s'était encore plus abrutie, et partant il était naturel et raisonnable qu'elle eût des maîtres : puis, par le repos, elle avait acquis plus de valeur; alors l'inégalité réelle avait diminué, l'intervalle de séparation était devenu moindre. Une classe intermédiaire s'était créée, d'abord faible et peu nombreuse, puis douée de forces, de richesses et de lumières. Il avait donc fallu la ménager chaque jour davantage : la justice l'aurait enseigné; la nécessité y pourvoyait mieux.

Ainsi, après quelques siècles, l'édifice aristocratique de la féodalité assiégé depuis long-temps, ébranlé par tant d'attaques, miné de toutes parts, s'écroula tout-à-fait sous les coups du pouvoir royal.

Mais il résulta des circonstances de cette longue lutte un dénoûment qui doit être déploré. En France, la féodalité s'était établie par l'avilissement du pouvoir royal et par de violentes usurpations. L'avénement de la troisième race n'avait même été que l'entreprise d'un grand vassal essayant de régner sur ses égaux. En Angleterre, le régime féodal avait été importé tout d'un coup, par le conquérant, avec toute la règle et le bon ordre dont il était susceptible. Il n'y avait pas eu de ces grands fiefs, véritables monarchies indépendantes, qui contractaient des alliances étrangères contre le souverain, et s'agrandissaient hors de la patrie. Ainsi la résistance de l'aristocratie féodale avait, dès l'abord, pris le caractère collectif. Les rois d'Angleterre n'avaient pas eu à composer leur royaume pièce à pièce, par des guerres privées. Ce n'était pas un esprit et des résistances individuels qu'ils avaient eu à vaincre; de tout temps c'était l'esprit de délibération qui avait été leur adversaire. Aussi la sanglante agonie de la consitution féodale avait été la vacillation des institutions publiques cherchant leur équilibre; tandis qu'en France, il avait fallu non pas régulariser une aristocratie, mais réduire des aristocrates un à un, et enlever à chacun d'eux toute sa force.

Ce fut de la sorte que, lorsqu'on fut parvenu par degrés à une nouvelle composition de la société, à une autre distribution des forces, à des mœurs nouvelles, on se trouva livré au pouvoir absolu. L'indépendance de la noblesse était éteinte; nous avons remarqué que l'indépendance des communes ayant puisé la vie à la même source, avait dû s'éteindre en même temps.

Quelle part doit-on attribuer aux nécessités des faits? Quelle part à la conduite des hommes, dans ce qui se passa à cette époque transitoire, dans ce qui, de nos jours, se manifeste encore par les plus directes conséquences? C'est un problème curieux, impossible à résoudre et dont la solution est d'ailleurs superflue. On aime cependant à se figurer que du gouvernement équitable et paternel de Henri IV aurait pu sortir un régime constitué, et que l'avenir de la France lui aurait dû d'être assuré sur la base morale et établie du droit, et non pas sur la garantie incertaine et corruptrice de l'arbitraire. La fermeté et l'amour de l'ordre semblent s'être conciliés sous ce règne, avec le respect des formes légales, et surtout le gouvernement paraît s'être proposé le bien-être général, seul but légitime de tout pouvoir. C'était d'ailleurs une circonstance éminemment favorable que la nécessité d'assurer à ceux de la religion réformée, le libre exercice de leurs franchises. Telle est la toute-puissance de la justice, qu'il suffit de reconnaître, dans son intégrité, le plus petit droit, pour qu'il répande une contagion salutaire, et qu'il recèle en son sein, tout étroit qu'il puisse être, la condamnation de toute puissance despotique. La tyrannie est condamnée à être conséquente. Elle est en danger par la moindre liberté, et ne doit jamais oublier d'étouffer jusqu'à la dernière.

Nous voyons encore qu'Henri IV en domptant l'aristocratie ne travaillait pas à la corrompre, et ne favorisait point ce qui devait le perdre et l'anéantir, l'importance de la cour. Dans un tableau d'une couleur trop poétique, mais cependant assez naïve, que trace l'abbé de Marolle dans ses Mémoires, nous voyons quelle était la noble simplicité des mœurs en ce temps-là, et la vie campagnarde des gentilshommes; lui-même remarque que l'éloignement du monde n'abattait point le cœur et ne rendait point les façons grossières. C'est en gardant une telle position que la noblesse eût conservé sa richesse, son indépendance et le noble patronage qui, désormais, dans les nouvelles mœurs, devait être sa seule supériorité.

Mais la longue minorité de Louis XIII perdit tout. La résistance à l'autorité reprit le caractère de révolte, et d'intérêt privé. Les courtisans par leurs cabales conduisirent la noblesse à sa ruine, en la prenant pour auxiliaire dans leur haine aveugle contre le règne précédent; aversion qui n'est pas le témoignage le moins honorable à Sully et à Henri IV. Ce ne fut que lorsqu'*un favori mieux choisi que les autres*, pour parler comme l'auteur *du Gouvernement de la France*, eut écrasé toutes ces petites et coupables entreprises contre le roi et la nation, qu'on put avoir la jouissance paisible de l'ordre public. Mais cette jouissance était due à la force, non pas à la justice, non pas à l'équilibre des droits.

Et alors il faut voir en quel état l'aristocratie sortit de ce dernier combat. Le cardinal de Richelieu va nous l'apprendre lui-même ; il va nous dire dans quel embarras il se trouvait, lorsqu'il eut achevé de dépouiller la noblesse de toute existence politique, de toute fonction publique. Certes, le cardinal n'est pas un témoin suspect ; car nul n'a jamais eu un plus altier dédain pour le peuple, une idée plus superbe de la distinction des rangs. Voici comme il s'explique dans son *Testamement politique*.

Le titre seul du chapitre dénonce la situation où l'on se trouvait : « Divers moyens d'a-

» vantager la noblesse pour la faire subsister
» avec dignité ! » Et alors le ministre se dé-
bat entre des volontés contraditoires. Ainsi, il
faut défendre la noblesse contre les prétentions des officiers royaux que le malheur du
siècle force à créer de toutes parts ; mais il
faut cependant que la noblesse leur soit soumise et obéissante. Il faut empêcher cet ordre d'user de violence envers le peuple,
comme c'est son défaut assez ordinaire : il
est très-important d'arrêter le cours de tels
désordres, par une grande sévérité ; et cependant il faut que le peuple conserve tout son
respect pour la noblesse.

Quant aux biens, il ne faut rien omettre
pour que la noblesse conserve les siens et en
acquière de nouveaux. A la vérité les divers
mariages qui se font en chaque famille, sont
une des vraies causes que les maisons les plus
puissantes se ruinent en peu de temps ; mais
si cette coutume appauvrit les familles particulières, elle enrichit tellement l'état, qu'au
lieu de s'en plaindre, il faut s'en louer.

Le cardinal n'y trouve d'autre remède un peu efficace, que les bénéfices ecclésiastiques pour les cadets, et encore il leur veut la science et la piété requises.

« On pourrait mettre beaucoup d'autres » choses en avant, pour le soulagement de la » noblesse, dit-il; il serait fort aisé de les » écrire, mais il serait fort difficile, et peut- » être impossible de les pratiquer. »

Cependant la justice et le bon sens enseignent qu'on ne peut réclamer avantage et privilége pour quelques membres de la société, sans leur supposer une utilité quelconque tournée au profit général. Le cardinal avait un sens trop droit pour ne pas le sentir. Aussi, ayant dépouillé la noblesse de toute fonction et de toute prééminence civiles, il se rejette sur les devoirs militaires qu'il lui attribue, et raisonne comme si elle avait pour emploi spécial et exclusif la défense du pays. Car, dit-il, « Dieu semble avoir donné » des bras au peuple plutôt pour gagner sa » vie que pour la défendre. » En ce sens, et

dans l'intérêt commun, il fallait en effet favoriser et rétribuer ceux qui s'acquittaient de ce
noble office. Autrement le ministre se fût
trouvé inévitablement conduit à une conséquence bien extrême, et il s'en aperçoit
lui-même : « Ceux-là, dit-il, étant préjudi-
» ciables au public qui ne lui sont pas utiles ;
» il est certain que la noblesse qui ne lui
» sert point à la guerre, n'est pas seulement
» inutile, mais à charge à l'État. » Et pourtant
il y avait en cela une dernière illusion. Le
cardinal, qui avait levé de grandes armées, ne
pouvait guère ignorer que le temps n'était
plus où les hommes d'armes faisaient le sort
des batailles et la force des armées ; où seuls
exercés à la gymnastique militaire, seuls accoutumés au fardeau d'un vêtement de fer,
les gentilshommes étaient distingués par une
force physique et une intelligence des com-
bats, que ne pouvaient acquérir ces troupeaux
d'hommes mal vêtus et mal armés qu'ils
poussaient devant eux. D'ailleurs, les soldats
n'étaient plus des vassaux levés et amenés par

leurs seigneurs ; et de même que cette sujé-
tion avait disparu dans l'ordre civil, elle ne
se trouvait plus exister de droit dans l'ordre
militaire. Les troupes soldées s'étaient progressivement accrues, et l'infanterie, cette
nation des camps, était devenue le fond de
l'armée royale. C'était donc bien complète-
ment et sans recours que le gouvernement
ministériel avait anéanti l'aristocratie française.

Louis XIV marcha dans cette voie, mais
s'il ne trouva pas un emploi à la noblesse, il
réussit au moins à lui imprimer une direction.
Il sut inspirer un esprit aux individus de
cette corporation détruite ; ou plutôt il éprou-
va, ce qui est fort naturel, ce que nous avons
déjà démêlé dans le cardinal de Richelieu. La
politique du despotisme avait conseillé la
destruction de la noblesse ; le penchant et
l'habitude entraînèrent à flatter sa vanité et
à lui donner sans cesse le présent le plus funeste : la faveur sans le pouvoir. C'est là ce
que la noblesse se mit à convoiter avec ar-

deur. Les grands seigneurs devinrent les domestiques du palais (1); et toute la noblesse de France fut condamnée à servir de pépinière pour recruter des courtisans.

Mais la puissance de tant de nobles souvenirs encore si récens, n'avait pu disparaître tout à coup et sans laisser de traces. Cette aristocratie, qui venait de perdre tout principe d'influence, faisait encore le lustre de la France. C'était encore parmi elle que se rencontraient les lumières, les talens, les richesses, l'expérience des affaires, le génie des armes, le goût des lettres, l'élégance de la vie et du langage. Elle avait encore, à ce premier moment, tout ce qui motive et justifie la prééminence parmi les hommes. Elle jouissait ainsi d'une supériorité que lui avait léguée son existence précédente. L'égalité de fait était masquée par une inégalité de pure opinion.

---

(1) Il a ravalé les grands jusqu'à leur ôter le courage et l'émulation de se distinguer.

(M. d'Argenson, *Gouvernement de la France.*)

Le dix-huitième siècle vit rapidement disparaître ce prestige ; il ne créa point le nouvel ordre social, seulement il lui donna le loisir de se connaître. On s'est fort irrité contre l'esprit de ce siècle ; nous ignorons quels sont les coupables : nous concevrions difficilement qu'on pût exiger de trois ou quatre générations successives qu'elles se gardassent à elles-mêmes le secret de leur manière d'être, et qu'elles n'en donnassent aucun signe. Si, pour de telles fautes, qui sont celles de tout un siècle et de tout un peuple, il était possible et raisonnable d'imposer une responsabilité à quelqu'un, ce devrait être à ceux qui, chargés de maintenir la société, ne lui ont donné aucune base, ont fait vivre une noble et grande nation au jour le jour pendant cent ans ; n'ont fourni aucun aliment à son activité, aucun principe moral ou politique à son affection ; n'ont laissé subsister ni droits à défendre, ni devoirs à remplir pour aucun de ses citoyens. Que le désordre des opinions et des doctrines en soit resulté, voilà qui est fort naturel ; mais c'est là un symptôme extérieur du mal, et non le mal lui - même. On trouverait difficilement dans toute la suite des siècles historiques, un second exemple d'un calme aussi complet, conservé pendant aussi long-temps, sous une autorité toute déracinée, sous une hiérarchie qui conservait tout au plus l'apparence.

En même temps la noblesse sans attributions politiques, sans occupations réelles, perdait de génération en génération le reste de son énergie. Cette activité de l'âme et du corps ; cette vie pleine de dangers et de travaux qui donne si bien l'expérience des hommes et des choses ; cette rude indépendance, cette exclusive possession des périls et de la gloire de la guerre ; ces relations franches de compagnons d'armes avec le souverain, tout cela était fini ; une molle oisiveté en avait pris la place ; les habitudes de la cour énervaient jusqu'à l'activité de l'esprit. Aussi M. d'Argenson écrivait-il en 1736 : « Voici cependant à quoi se réduit aujourd'hui

» toute l'aristocratie du gouvernement fran-
» çais et toute la part qu'y a la noblesse : le
» commandement des armées et le service
» militaire. Les affaires de la guerre ne don-
» nent qu'une autorité passagère; ajoutez à
» cela un grand air d'importance, des dis-
» tinctions brillantes, mais seulement exté-
» rieures; quelques charges à la cour, agréables
» par l'accès près de la personne du prince,
» mais contre-balancées par la défiance que
» les ministres lui donnent de ses courtisans;
» quelques grâces lucratives et injustes, l'oc-
» casion de nuire plutôt que de servir, une
» occupation continuelle d'intrigues, d'argent
» et de vengeance; un vain éclat qui reluit au
» loin et qui ne soutient pas l'examen; un
» meilleur air, plus de goût dans les discours
» et les modes, de grandes terres titrées et
» négligées, des dettes et des injustices. »

Pendant cette décadence à laquelle un gouvernement absolu condamnait l'élite de la France, tout ce qui était au-dessous d'elle montait, pour ainsi dire, comme le flot de

la mer. Les richesses, les lumières, le savoir-
vivre, se répandaient dans toute la nation.
Chaque jour l'inférieur s'approchait du supérieur, non pas même par ambition, non pas
même par vanité; à leur insu, les différen-
ces allaient s'effaçant, après que, depuis long-
temps déjà, les rapports de dépendance
avaient disparu. Maintenant qu'on ajoute à
ces circonstances celles que quelques personnes regardent comme si importantes, c'est-
à-dire, le mouvement de l'opinion, la rapi-
dité et la publicité dans la communication
de la pensée; l'action des mœurs sur les lettres; leur déréglement, image fidèle du déréglement de la société; l'activité des esprits
réfugiée dans cet emploi; ce nouveau genre
de supériorité venant prendre place presque
au-dessus des anciennes supériorités déchues,
alors on pourra se faire une idée des forces
réelles qui s'amoncelaient contre le fantôme
effacé des défuntes grandeurs.

Et maintenant que pouvaient faire contre
ce mouvement les débris dispersés de l'aristo-

cratie, n'ayant plus ni force individuelle, ni principe d'association? La cour, et la noblesse qu'elle entraînait à suite, pouvaient-elles songer à autre chose qu'à des intérêts privés, puisqu'on les avait rendues étrangères aux intérêts publics? Il fallait donc bien qu'elles s'isolassent de plus en plus de la nation. Chacun dans cette sphère n'avait plus qu'à se garantir, pour son propre compte, de l'application des principes d'égalité qui faisaient le fond de l'établissement monarchique de Louis XIV. Aussi trouvons-nous sans cesse les courtisans se présentant comme obstacles contre toute réforme des abus, contre toute diminution de dépenses; aussi voyons-nous échouer contre leur influence tous les utiles projets des ministres hommes de bien. La France vit successivement sa puissance et sa considération s'affaiblir en Europe. L'honneur national devint un sentiment sans force et sans autorité. Toutes les nations grandirent autour de nous en prospérité, en territoire, en domination; et nous, spectateurs indifférens de ces progrès, nous demeurâmes livrés aux intrigues de cour, aux renvois de ministres, aux exils des parlemens, aux banqueroutes des financiers. Rien de fixe, rien de stable. Le gouvernement prétendit au despotisme, et l'on ne savait pas même qui l'exercerait. La corruption des mœurs et l'irréligion, professées et propagées par la classe supérieure, n'avaient pas pu, plus que le reste, lui demeurer en privilége; elles étaient descendues aux classes inférieures. Il se forma contre un pouvoir si mal exercé et des supériorités si peu réelles, non point une opinion forte et sérieuse, non point un esprit de délibération et de garantie, mais une frivole révolte des amours-propres, un désir aveugle de renverser ou d'avilir l'autorité qu'on voyait exploitée pour des intérêts privés.

Et lorsqu'un roi honnête homme monta sur le trône avec le désir de relever son royaume de la misérable situation morale où il lui avait été laissé ; lorsqu'il voulut s'entourer de ministres éclairés et amis du pays; lorsqu'un instinct prévoyant lui fit comprendre qu'une réforme complète et sévère pouvait seule éviter une terrible révolution; lorsque ce projet était secondé par tous ceux qui, parmi la noblesse, avaient quelques lumières et le vrai sentiment de leur dignité, tout l'arrière-ban de l'intrigue et des abus redoubla d'efforts, s'opposa à toute amélioration, décria toute raison et toute austérité, se sépara de plus en plus de la nation, et réclama tous les droits en refusant tous les devoirs. Une fois la lutte commencée et livrée à la force, alors cette corporation d'intérêts individuels sentit combien elle se trouvait étrangère au peuple. Elle n'y avait ni influence, ni patronage; depuis plus d'un siècle elle n'y exerçait nul pouvoir; elle ne savait ni persuader, ni commander. Les soldats qui marchaient sous ses ordres étaient tirés du peuple et n'appartenaient plus à leurs chefs. Cent ans plus tôt tous ces courtisans indociles auraient soulevé leurs vassaux, se seraient enfermés dans leurs places fortes, auraient levé l'étendard de la révolte dans le

royaume ; ils auraient bien pu appeler les
étrangers comme auxiliaires, mais ils n'auraient pas été réduits à les implorer comme
fugitifs. Cette fois, il fallut s'éloigner, il fallut
aller chercher les alliés naturels qu'on pouvait avoir ailleurs, et faire cause commune
avec les aristocraties des autres états de l'Europe.

Trente années de tentatives inutiles n'ont
pas dû rétablir la communauté entre les intérêts privés que la révolution a offensés, et
l'intérêt général. Mettant toujours à part les
individus, et ne parlant que des principes et
des circonstances caractéristiques qui sont
comme l'étendard et le signe d'une faction,
quel malheur affreux pour la France de compter, parmi ceux qui portent le nom de Français, des hommes loyaux et honorables qui
durant trente ans ont été contraints de se ré-
jouir de ses revers et de s'affliger de tous ses
succès ; qui ont regardé comme entaché de révolte un ordre de choses régulier à l'ombre
duquel se sont créés tant d'intérêts, tant d'ha-

bitudes, tant d'existences nouvelles ; qui sont sans cesse blessés et étonnés de tout, dans nos mœurs et nos souvenirs récens ; qui reportent toutes leurs pensées vers un temps déjà si rejeté dans le passé par la grandeur des événemens, que ce n'est plus même la mémoire qui le leur retrace, mais l'imagination.

N'est-ce pas là en effet la plus grande et la plus déplorable difficulté de notre situation politique ? Qu'on ne croie point qu'il ne s'agit que d'intérêts matériels, et que des dissensions si profondes reposent uniquement sur des avantages positifs. Non, ce ne serait point pour de si ignobles motifs qu'une nation, que la nation française pourrait être ainsi divisée. C'est une question d'honneur et de fierté ! Il s'agit de savoir qui a eu la bonne cause, qui a eu raison, qui a obtenu triomphe. Il s'agit pour les uns de savoir si leurs nobles souffrances, les injustices qu'ils ont éprouvées, cette égalité qu'ils subissent depuis tant d'années, sont dignes de pitié seulement, et ne doivent pas être payées par d'éclatans hommages ;

surtout par la plus douce de toutes les jouissances, pendant les troubles civils, l'humilia-
tion de leurs adversaires. Il s'agit pour les
autres de savoir si leur gloire recevra l'af-
front d'un pardon, si leur existence nouvelle
sera tolérée ou croîtra librement sur son sol
naturel, si on les importunera sans cesse du
souvenir de crimes qu'ils ont déplorés et dont
ils ont été les victimes aussi. Vainement direz-vous à ces possesseurs que leur propriété
sera respectée, si vous voulez la déshonorer;
vainement direz-vous à ces soldats que leur
vaillance méritait une meilleure cause. Ne
voyez-vous pas qu'ils ont besoin que la cause,
pour laquelle ils ont versé leur sang, soit honorée et respectée? Chacun veut vivre sur son
terrain et croit qu'il ne se sentira à l'aise que
lorsqu'il y sera. Qui amnistiera l'autre? Grande
question d'orgueil que les événemens n'ont
pas résolue, puisque, sans que les uns eussent
l'apparence d'une victoire, les autres ont été
vaincus!

Pour prouver que ce n'est pas là le caractère essentiel de nos discordes et de nos haines, n'allez pas alléguer que chacune des factions compte dans ses rangs *des enfans qu'en son sein elle n'a point portés.* On ne parle pas ici des individus, mais de ce qui forme le signe distinctif, le point fondamental, le principe de vie de deux ordres d'opinions et d'intérêts. Qu'importe à cela que les noms les plus anciennement illustrés de la monarchie figurent parmi les défenseurs de l'état nouveau de la société? Qu'importe que des vanités subalternes se trouvent flattées d'être admises parmi des vanités qui leur accordent quelque bienveillance? Qu'importe que quelques hommes aient assez peu de fierté pour ne pas savoir porter, le front levé, toute leur vie passée?

On a beaucoup reproché à un écrivain d'avoir parlé des Francs et des Gaulois, d'avoir supposé que deux nations diverses habitaient le sol français. C'était peut-être par un louable ménagement qu'il s'était ainsi reculé dans l'antiquité des origines. Il n'est pas besoin en effet de se placer sur le terrain contestable de l'érudition, pour prouver qu'il y a en France deux opinions qui n'ont pas vécu de la même vie politique. Qui n'a pas remarqué, dans l'histoire des peuples, qu'il s'y forme, au milieu des convulsions qui détruisent l'ordre public et les pouvoirs sociaux, des divisions profondes, des factions séparées par quelque point essentiel et fondamental, par une longue habitude de se faire et de se souhaiter du mal; des partis qui diffèrent non pas sur la forme, mais sur la possession du gouvernement; des associations dont les individus peuvent bien être citoyens sur le même sol, mais dont les enseignes ne peuvent s'élever à la fois dans la même patrie? Lorsque Charles II remonta sur le trône, les réformés descendaient-ils des Saxons et les catholiques des Normands? et cependant ce n'eût pas été une métaphore excessive que de les appeler deux peuples différens.

D'ailleurs cette déplorable scission n'est-elle pas reconnue, et pour ainsi dire réclamée par ceux des deux partis qui se piquent de voir nettement les choses et de ne point reculer devant les conséquences de leurs principes? Un des hommes qui démêlent avec le plus de sagacité les caractères des diverses situations politiques; M. le comte de Montlosier n'a-t-il pas fait constamment de cette division l'idée principale de son livre *de la Monarchie française*? Lors de la première restauration, il sentait si bien la difficulté de faire vivre ensemble des intérêts si opposés, des répugnances si vives, qu'il l'a exprimée avec cette manière frappante et originale, qui est propre à son talent.

« Nous avons une fois émigré en grand
» nombre, pour défendre la cause de Louis
» XVI : on a jugé diversement en Europe
» la sagesse de ce parti. Le monde entier l'a
» trouvé au moins hardi, brillant, cheva-
» leresque. A l'avénement de nos princes,
» s'il avait été possible non - seulement
» qu'aucun de leurs serviteurs ne revînt avec
» eux, mais encore que tous les hommes

» d'une certaine classe se missent à émigrer
» de nouveau, oh ! quel service plus réel et
» plus grand n'eussent-ils pas rendu à Louis
» XVIII ! Que dis-je ? quel service ne se se-
» raient-ils pas rendu à eux-mêmes ? On ne
» peut imaginer combien leur présence em-
» pêche pour eux une multitude de projets
» favorables que leur éloignement eût faci-
» lités (1). »

N'est-ce pas dire formellement : nul ac-
cord n'est possible, nous ne sommes pas les
plus forts, cédons et allons-nous-en ? Depuis,
le même auteur a indiqué une marche tout
opposée : il veut maintenant que l'on brave et
que l'on dompte la nation française, telle que
la révolution l'a laissée. Il n'hésite pas à la châ-
tier et à la rançonner ; il s'indigne de ce qu'on
lui laisse élever un monument à la victoire
remportée à Valmy (2) ; il oublie que ce n'é-
tait pas pourtant sous des drapeaux français

---

(1) *Monarchie française*, 4ᵉ. vol., 1815.
(2) *Monarchie française*, 6ᵉ. vol., 1821.

et pour une cause française que marchait l'armée prussienne; il désire tant proclamer la victoire aujourd'hui, qu'il réclame la défaite d'alors que personne n'a la pensée coupable de célébrer contre d'autres que contre des étrangers et des ennemis.

Il n'y a nulle contradiction entre ces deux manières d'envisager la question. C'est toujours la triste et cruelle pensée que la force et le succès doivent proclamer le triomphe d'un des deux partis, sauf au vainqueur à se montrer juste et généreux. Rien n'a changé dans l'opinion de M. le comte de Montlosier; mais apparemment ceux qu'il croyait les plus faibles lui semblent maintenant les plus forts.

Toutefois ce qui est dangereux, ce qui manque d'exactitude, c'est de vouloir établir une communauté d'intérêt entre cette cause et la couronne, de regarder la restauration du trône comme renfermant implicitement la victoire d'un parti. Les rois n'ont pas d'intérêts privés; leur existence est toute nationale; du jour où ils ont saisi le sceptre, leurs

circonstances individuelles ont disparu : lorsqu'on leur conseille d'avoir quelque chose
de commun avec une faction, c'est qu'on
veut leur faire courir la même chance qu'elle.

D'autres ont eu meilleure espérance ; ils ont
cru que, précisément parce que le roi n'était
remonté sur son trône qu'après la dissolution
apparente du parti qui se décorait de son
nom, précisément parce que ce parti n'a-
vait pu contribuer en rien au rétablissement
de la dynastie, il n'y avait nul triomphe à
lui décerner et rien à lui sacrifier. Il leur
semblait aussi que la masse de la nation était
loin d'avoir cette irritabilité exessive sur tous
les souvenirs de la révolution ; que son respect et son affection pour la gloire militaire
de ses armées n'étaient cependant point exclusifs et exigeans ; qu'il suffisait de lui donner
une pleine et entière sécurité, de protéger
le cours de son active industrie ; de ne point
insulter et inquiéter ses habitudes nouvelles,
ses derniers souvenirs, sa constitution sociale ; qu'il fallait surtout, par des institu-

tions locales, détourner les esprits de leur oisiveté et de cette politique vaine et creuse qui rumine sans cesse des haines et des jalousies; qu'on devait imprimer de toutes manières une forte impulsion aux esprits, favoriser leur mouvement pour les détourner de cette préoccupation stérile et funeste de nos vieilles discordes; qu'il était nécessaire de laisser surgir du sol naturel des supériorités effectives, pour les consacrer, les affermir, et créer ainsi une hiérarchie libre et légitimée par son utilité. Ils pensaient qu'après quelques années passées ainsi, une nouvelle génération s'avancerait, étrangère à nos vieilles discordes, et dont la pensée ardente se porterait sur l'avenir, non plus sur le passé. Cette politique pouvait-elle en effet être adoptée et suivie? Pouvait-on à la modération, à la ferme impartialité, joindre une force suffisante? Cette population si nombreuse, mais paisible et inerte, dont on eût ainsi compris et exécuté la volonté, pouvait-elle élever la voix pour résister à la violence et à l'artifice

des factions? Pouvait-on lui créer une direction active, et lui enseigner qu'il y a autre
chose à faire que de s'écarter alternative-
ment de ceux qui l'inquiètent et lui déplai-
sent : ou bien n'était-ce là qu'un rêve, et
le gouvernement est-il condamné à mar-
chander misérablement avec des factions ; à
n'acquérir ainsi ni force, ni consistance ; à
ne point pousser de racines dans la nation,
à ne point devenir solidaire avec elle ; la laissant tremblante, incertaine, et hors d'état
de résister à la moindre tempête ?

CHAPITRE IV.

Des tentatives faites pour constituer une aristocratie en France.

Le dernier siècle de notre histoire nous a montré qu'on pouvait avoir une noblesse sans avoir une aristocratie. Sous le gouvernement absolu qui a rétabli l'ordre public en France, on eut la fantaisie d'imiter en cela l'ancien régime. Quelle autre intention pouvait-on avoir? Rien n'est plus antipathique avec une domination despotique qu'une aristocratie nationale. Jamais elle ne peut être un instrument de servitude. Le souverain nouveau ne se trouvant pas assez décoré de sa gloire et de sa puissance, voulut qu'une noblesse et des titres servissent de broderie à sa pourpre. Il adopta cette partie du costume des anciennes dynasties. Mais l'imitation ne pouvait être complète. Il n'y a de vrai dans la noblesse que ce qui est indépendant de la volonté du monarque; il n'appartient pas à un pouvoir humain de conférer à personne, soit la gloire et la considération personnelles soit la magie des souvenirs. Il peut faire un homme riche, il peut le rendre puissant, et par-là le rendre apte à s'ennoblir dans l'opinion publique; mais c'est tout au plus si sa chancellerie, en voulant constater cette opinion par un brevet, ne la diminue point en quelque sorte. La noblesse impériale n'était qu'une émanation du pouvoir absolu, une marque de sa faveur actuelle. Honorée à son origine par le reflet de la gloire militaire, elle n'eût pas tardé, sous un despotisme moins habile, de ressembler complétement à ces distributions de titres qui se pratiquaient sous le bas-empire, alors que le souverain pouvait disposer de toutes les existences. Retirait-il sa main, tout l'éclat dont il avait paré son serviteur était flétri et disparaissait; du sommet de l'empire on retombait dans la poussière des sujets. Les clarissimes, les illustrissimes de la veille, s'éclipsaient devant un barbare tiré des gardes prétoriennes, ou un affranchi habile à servir son maître.

Quant à constituer une autorité quelconque, indépendante de ses commandemens, et portant un principe de vie qui lui fût propre, c'est ce qu'on ne pouvait attendre du fondateur d'un empire despotique. Parfois son active imagination, qui s'animait de tout ce qui pouvait avoir quelque retentissement historique, portait ses idées vers de grandes institutions, mais cette portion de puissance dont il fallait se dessaisir lui tenait trop à cœur; le projet était à peine conçu que déjà il avait remis la main sur l'attribution qu'il avait songé à confier; il voulait accorder et retenir à la fois; et tout dégénérait ainsi en un vain semblant, en une représentation théâtrale, qu'il n'avait pas même la gravité de prendre au sérieux.

Depuis la restauration, les ministres, soit d'après leurs penchans, soit par la contrainte de leur position, ont semblé conserver précieusement tout ce qu'ils ont pu de cet héritage impérial. La charte, en instituant la délibération des chambres, et le partage du pouvoir législatif, avait dû laisser cet arbre porter ses fruits, et répandre son influence sur notre constitution entière. Mais les progrès sont lents. D'ailleurs, est-ce bien de l'action et du libre vouloir des ministres qu'on peut attendre un sacrifice contraire à tous les instincts du pouvoir, et qui ne serait cependant que de la prévoyance et de la haute habileté? Où sont-ils ces hommes d'état qui acceptent avec joie, qui instituent eux-mêmes des obstacles à leur arbitraire, qui recherchent pour eux la règle et la loi, qui invoquent le contrôle et la délibération sur leur conduite, qui savent jouir plus de l'avenir que du présent, qui veulent que le gouvernement devienne l'affaire commune, et que la nation en soit pour ainsi dire rendue solidaire, en appelant chaque citoyen à s'en occuper selon le degré de ses lumières? Où sont-ils ceux qui, distinguant respectueusement la prérogative royale de leurs attributions ministérielles, savent s'avouer que le roi peut, en beaucoup d'objets, avoir de meilleurs conseils que les leurs, et connaître l'intérêt général par une libre délibération mieux que par des rapports sans contradicteurs ? N'est-ce pas là d'ailleurs le principe de la charte ? et s'il y a présomption que la raison et la vérité seront mieux indiquées, par une discussion indépendante, à ce qui touche les affaires de l'état, pourquoi la même présomption ne s'appliquerait-elle pas au règlement des intérêts locaux ? mais la charte semble avoir épuisé la résignation des ministres, ils trouvent que c'est tout autant qu'ils en peuvent porter de délibérations et de libres conseils.

Ainsi cette combinaison si favorable à la liberté qui consisterait à propager l'esprit de délibération, et à confier une portion du pouvoir à une aristocratie réelle et librement reconnue par les citoyens, n'a pas été essayée un seul jour. Toute réunion d'hommes délégués par une élection libre, toute supériorité sociale existant par elle-même ont été en butte aux méfiances et aux attaques de l'autorité. Dans les alternatives ministérielles, soit qu'elles aient consisté dans le changement des hommes, ou dans le changement des opinions, il a fallu attaquer, décrier, détruire toutes les prééminences qui s'élevaient quelque peu au-dessus d'une société dispersée. Tantôt c'est la considération et l'influence qui s'attachent aux existences anciennes et aux souvenirs, qu'on a travaillé à anéantir; tantôt c'est une consistance, résultat de beaucoup de services rendus, de fonctions long-temps exercées, qu'on a voulu défaire quand on ne l'a pas trouvée docile. D'autres fois, c'est la supériorité due aux talens, à une honorable constance de caractère, à des opinions éclairées, qu'on a livrée à l'injure et à la calomnie. Tout ce qui dans un sens, et puis dans un autre, n'a pas voulu se faire instrument servile, a dû subir les efforts tentés pour l'amoindrir. De sorte que l'on peut dire sans crainte que depuis trente ans, jamais la constitution sociale n'a été moins aristocratique, jamais les individus n'ont été plus isolés les uns des autres, et l'esprit public plus énervé.

Le régime impérial tout despotique qu'il était n'avait peut-être pas travaillé aussi efficacement à la dissolution que nos gouvernemens ministériels. En effet, lorsqu'il n'y avait à servir et à ménager que l'intérêt personnel du souverain, cet intérêt comportait une certaine latitude d'obéissance. Il admettait que chaque opinion s'attachât à son char en gardant sa propre couleur. C'était même une de ses habiletés que cette uniformité de soumission avec cette diversité de motifs. Mais les dominations éphémères des ministres n'ont guère été qu'une complaisance plus ou moins grande à une faction. Il est facile, dans un temps de liberté comme le nôtre, de ne pas subir le joug des factions; et cela n'a même pas grand mérite; mais quand une fois on accepte ce joug, il est dur et humiliant. Il faut renier ses souvenirs, renoncer à ses amitiés, laisser humblement décrier ce qu'on a estimé et honoré, adopter les répugnances intolérantes de l'esprit de parti, n'être pas libre dans ses impressions les plus fugitives. Les ministres croient échapper, par leur position élevée, à une telle dépendance, mais il est certain qu'ils ont dû l'exiger de leurs serviteurs ; c'est ainsi qu'ils ont travaillé à la dégradation morale des caractères.

Aussi qu'est-il arrivé aux fonctionnaires publics ? Certes leur service était sévère sous le gouvernement impérial ; mais du moins ne se trouvaient-ils point, par une bizarre contradiction, mêlés à un régime de liberté ; ils transmettaient l'ordre absolu qui leur avait été transmis ; et lorsqu'ils n'étaient pas aveuglés par un zèle inepte, ils se donnaient le mérite d'apporter quelque douceur dans l'exécution de commandemens sur lesquels personne n'avait eu à délibérer. Ils avaient pu ainsi gagner quelque bienveillance et quelque considération. Ils étaient les hommes du pouvoir, mais d'un pouvoir élevé, inattaquable, fixe dans sa direction; ils jouissaient donc d'une sorte d'influence aristocratique; ils exerçaient de l'autorité autrement que par le commandement officiel; on écoutait leurs conseils, on avait une vraie déférence pour leur personne. Dans l'absence totale de garanties, ils en étaient une, quand ils avaient gagné l'estime.

Maintenant qu'il y a une tribune et qu'on jouit de quelque liberté de la presse; maintenant qu'il est permis d'avoir une opinion et de la dire; maintenant que le respect pour la majesté du monarque, se concilie avec le droit de blâmer ses conseillers, quelle peut être la position des hommes à qui, par état, il est strictement défendu d'avoir un jugement sur les intérêts de leur patrie? Et ce n'est rien encore, quand, se bornant aux devoirs de leurs charges, simples et utiles administrateurs, conservant une honnête réserve sur les opinions politiques, satisfaits par la conscience que leurs soins sont profitables à l'ordre public, ils s'abstiennent pour un temps de se mêler activement aux citoyens ; mais on a voulu se servir de cette influence qu'ils avaient, et elle a disparu. On en a fait des commissaires aux opinions. On a voulu que l'élection par les libres suffrages du peuple fût une opération administrative, comme le recrutement ou la levée de l'impôt. Le mot d'ordre électoral se donne à toute la troupe des employés, et il faut suivre la manœuvre. On veut même que chacun, selon sa portée, fasse ses efforts pour propager par la persuasion, un suffrage qui lui est imposé par l'autorité. Il faut en outre que toute la conduite, que tous les discours soient à l'avenant de l'élection dernière ou de l'élection prochaine. Le fonctionnaire timide ménage toutes ses paroles ; la dénonciation suivie de la destitution sont là sans cesse devant ses yeux à le menacer et à l'épouvanter. Il se retire doucement de la société où il vivait ; tout devient gauche et officiel dans ses relations, et il en demande pardon tout bas, attendant impatiemment qu'une nouvelle variation ministérielle lui permette plus d'abandon avec ses anciens amis.

Par exemple, quel spectacle présente moins de dignité que celui d'un préfet transmettant à tous les employés qui l'environnent ce sentiment de peur, que lui-même il éprouve; les menaçant naïvement d'une indignation qui n'est pas la sienne, et dont il n'est que le froid organe; requérant leur suffrage pour le candidat que l'année d'avant il avait été chargé d'exclure; embarrassé de l'accueil qu'il doit faire aux électeurs, soit à ceux-ci dont il était l'auxiliaire l'autre fois, soit à ceux-là dont il a injonction de se rapprocher aujourd'hui; n'osant plus prendre la main des uns, et cherchant à se familiariser avec les autres; et tout cela avec précaution et ménagement! Car qui sait s'il ne faudra pas bientôt revenir à la première direction, ou du moins y incliner adroitement? Il est bien allé à Paris pour tâcher de recevoir une impulsion moins incertaine, mais il n'a pu recueillir rien de bien positif; on a évité de s'expliquer formellement; tout s'est borné à des recommandations vagues et banales; il est revenu plus embarrassé qu'auparavant; et cet embarras est si visible, qu'il saute aux yeux du percepteur de village, qui s'en amuse au retour du chef-lieu.

Que conclure de cela? Que les employés du ministère doivent avoir un plein et libre arbitre dans leur conduite politique, et donner le scandale de traverser hautement la marche que les chefs de la hiérarchie administrative jugent à propos de suivre? Non, sans doute, ce serait un autre désordre. Mais il est clair qu'étendre sur tout le royaume ce réseau d'une administration qui ne peut acquérir nulle influence, nulle considération politique, c'est rompre toute communication entre le gouvernement et les citoyens, c'est renoncer à exercer sur le peuple cette action morale, si préférable à l'action légale; c'est décrier l'autorité et la priver du respect, qui est son premier besoin. Que si, au contraire, les relations entre le trône et les sujets s'établis-

saient dans tous les points où cela est possible, d'une manière libre, et que les instrumens
du pouvoir fussent responsables vis-à-vis de
l'opinion publique, et non pas seulement vis-
à-vis de leurs chefs, on aurait alors, au lieu
d'une troupe dépendante et sans racines dans
la nation, une classe d'hommes nombreuse,
honorée, utile au pays; moins dépendante
il est vrai, des commandemens et de la direction ministérielle, mais faisant cause commune avec le gouvernement, et venant à son secours de toute sa force et de toute son influence,
dès qu'il serait menacé. Le problème consisterait alors, non point à couvrir la France
d'employés qu'il faut ou révoquer sans cesse
ou tenir dans l'abjection, mais à connaître
et à accepter cette communauté d'intérêt
avec une aristocratie avouée des citoyens.
C'est sur ce système que la prospérité de l'Angleterre est assise. On y voit une nation qui
s'administre elle-même, et que ses ministres
gouvernent. Ici on a vu jusqu'à présent,
des ministres qui veulent tout administrer

et qui ne savent pas influer sur la nation.

La loi des élections, du 5 février, a été aussi un grand dissolvant de tout germe aristocratique. Excellente dans ses principes, puisqu'elle appelle aux fonctions d'électeurs toute la classe qui forme la vraie force du pays, son mode d'exécution tendait à enlever à la représentation le caractère de sincérité. Si elle faisait connaître l'opinion des électeurs quant à la direction générale des affaires, elle les mettait dans l'impuissance d'exercer leur discernement quant au choix des hommes. Portés loin de leur domicile et de leurs relations habituelles, ils savaient d'avance que dans cette réunion nombreuse d'individus qui ne se connaissent point, les suffrages, dictés par la connaissance personnelle du candidat, par l'estime de son caractère et de sa vie privée, par la gratitude pour des services rendus, par une bonne renommée locale, ne formeraient pas une masse assez considérable pour prévaloir. Ils arrivaient donc à l'élection sans aucune idée arrêtée, et se disant qu'on leur indiquerait un choix conforme à leur opinion. Aussi l'électeur était sujet à d'étranges erreurs, en nommant ceux qu'il ne connaissait que sur une vague réputation, ou les indications d'autrui. Il devenait nécessairement la proie des intrigues et des suggestions. Resté dans son territoire, il eût rempli ses fonctions avec beaucoup plus de connaissance de cause. Il aurait choisi l'homme en qui il aurait eu une véritable confiance, ou du moins il aurait écouté ses conseils. La notabilité qui se rapporte à la seule opinion peut aisément être factice et fugitive. En ce sens, la nouvelle loi a opéré un changement heureux, et dont le bienfait a été généralement senti; cependant l'effet en est presqu'entièrement détruit par la création de ces colléges de départemens, qui ont gardé l'inconvénient de la première loi, et qui sont un moyen visiblement imaginé pour perpétuer et aviver l'esprit de parti. Un député par arrondissement et une députation spécialement donnée aux villes de quelqu'importance, telle avait été la première idée de la loi du 5 février (1). C'est encore ce que l'expérience indique comme le meilleur moyen de rendre les élections vraies, et de calmer les esprits en les laissant dans leurs habitudes et leurs affections. C'est sans doute renoncer en grande partie aux influences ministérielles, mais c'est aussi affaiblir les influences de faction; et pour ceux qui ne trouvent pas que ces deux résultats sont bons, au moins l'un doit-il plaider pour l'autre.

Les directions ministérielles et la législation ont donc, sans en avoir l'intention, travaillé en sens inverse d'une aristocratie. Recherchons si le parti qui se croit aristocrati-

____

(1) Le premier projet de cette loi fut discuté dans une commission que M. Pasquier, alors garde des sceaux, avait formée près de lui en septembre 1815. Cette commission se composait de MM. Royer Collard, Molé, Mounier, Guizot et Barante. M. Molé fut le rédacteur du projet.

que a été plus heureux ou plus avisé dans ses efforts.

On doit reconnaître que les principaux élémens d'une aristocratie se trouvent parmi les hommes qui marchent sous cette bannière. Une partie considérable de la richesse territoriale est entre leurs mains; ils sont possesseurs depuis plus long-temps que d'autres; circonstance qui est importante pour l'influence locale; ils vivent dans le loisir, ce qui les rend plus aptes aux fonctions publiques; en général ils sont animés de cet esprit sage et conservateur, particulier à l'homme dont la situation a peu changé. On a pu en faire l'expérience sous le régime impérial. Les fonctions municipales étaient, dans beaucoup de lieux, placées entre leurs mains, et ils les remplissaient d'une manière honorable et paternelle. M. Fiévée, dans une de ses dernières brochures, a rappelé durement leur zèle à servir ce gouvernement; il n'était cependant ni plus grand, ni moindre que celui des autres fonctionnaires.

Mais la restauration est venue changer entièrement ces heureuses dispositions à conquérir la confiance et l'affection des citoyens. On ne sait quel vertige saisit tout à coup tout ce qui appartenait ou croyait appartenir à une classe qui, comme nous l'avons vu, n'était pas cependant fort privilégiée avant la révolution. Faute de mieux, ce fut pour elle la restauration des prétentions. D'excellens propriétaires qui, depuis quinze ans, s'adonnaient avec assiduité à l'agriculture, et présentaient à leurs voisins l'utile exemple des améliorations; de dignes maires de village, aimés de tout le canton, couvrirent les routes et vinrent à Paris remplir les antichambres. Ils s'imaginèrent que leur position sociale était changée, et que c'était pour eux que le roi de France remontait sur son trône. Ce fut d'abord en sollicitant des emplois grands ou petits, en courant après des salaires qu'ils s'imaginèrent fonder leur aristocratie.

Le 20 mars arriva, et à la seconde restauration ces intérêts et ces opinions firent irruption dans le gouvernement représentatif. Enivrés de ce succès les défenseurs de cette cause crurent que rien ne résisterait à leurs efforts, ils attaquèrent de front toute la société telle que trente années l'avaient faite. Souvenirs, habitudes, lois, fonctions, rien ne fut à l'abri de leurs attaques ; ils espérèrent tout changer, et faire une révolution pour détruire les résultats de la révolution. Mais c'étaient de trop hautes prétentions. On peut bien destituer des agens et prendre leur place ; on peut bien substituer une soumission à une autre soumission, et des phrases à d'autres phrases ; mais l'état d'une société, sa classification, les relations des citoyens entre eux, les lois civiles qui règlent la famille et la propriété, ne se laissent pas manier si facilement. Il faut, pour les changer, ou une longue oppression, ou d'épouvantables convulsions. Pour refaire une nation, il faut d'abord la défaire ; et encore son organisation ne peut-elle se former que d'après ses tendances naturelles. Aussi toute cette ardeur n'eut d'autre résultat que d'augmenter les haines, de ranimer les discordes et d'ajouter aux difficultés de la situation. Cependant la chambre de 1815 doit être remerciée d'avoir installé le gouvernement représentatif en France ; elle a créé l'état de député et l'a entouré d'une consistance et d'une considération qu'il n'avait jamais eues que par intervalles au milieu des troubles de la révolution, conséquemment d'une manière précaire et peu constatée. En ce sens, elle a travaillé pour la liberté et pour l'ordre social.

Mais lorsque ce parti a de nouveau été admis à l'influence et à la participation au pouvoir, il n'en a plus fait le même usage ; sa marche a été bien différente. Ce n'est plus cette impétuosité et cette présomption qui voulaient tout renverser, tout reconstruire ; ce n'est plus ce désir de constituer la France tout de nouveau, et de lui donner des institutions à la fois libérales et aristocratiques ; ce ne sont plus ces attaques indiscrètes contre l'autorité tant qu'on ne la possède pas entièrement ;

ce n'est plus cette méfiance ombrageuse envers le pouvoir, et ce besoin de chercher des garanties légales contre lui. Appelé à l'appui de la puissance ministérielle, il a pu être parfois un auxiliaire exigeant et incommode; mais les deux parties contractantes n'ont pu encore penser à se séparer. Le caractère d'intrigue et de transaction qui a présidé à cette alliance n'a pas cessé de prévaloir dans toutes les opérations des alliés. C'est toujours aux dépens des libertés publiques que chaque marché a été soldé. L'intérêt général, mal compris, à la vérité, était le but en 1815, et les efforts pour créer un système complet d'administration, présentaient, à travers tant d'excès, un noble aspect. Dans la dernière session, rien n'a semblé se diriger que vers des intérêts privés. Il n'a été question ni d'institutions, ni d'améliorations dans nos lois. Moyennant une part dans la faveur et dans le pouvoir, les ministres ont obtenu assez de suffrages pour se défendre contre le contrôle et la contradiction. Aussi la discussion, impuissante en ce qui touchait les affaires, a dégénéré en querelles de personnes, en mutuelles invectives. Rien ne s'est préparé pour l'avenir. Le problème du gouvernement a été de vivre au jour le jour sans songer à aucun moyen de stabilité, en laissant la nation dissoute et pour ainsi dire en poussière ; se résolvant à ne pas trouver d'appui, afin de ne pas rencontrer d'obstacle.

Il est facile de remarquer ce caractère dans toute la session dernière. Elle nous a reportés loin du véritable esprit d'un gouvernement fondé sur la libre discussion des intérêts généraux. C'est toujours l'arbitraire ministériel dont la sphère a été agrandie ; et cela est fort simple, car il convenait aux uns comme aux autres de mettre le plus de choses possible hors de contrôle et de discussion. N'agissant point dans les intérêts généraux, le grand art doit être d'esquiver la publicité, et de n'avoir qu'un vain semblant des formes représentatives.

6

Ainsi on a laissé les ministres libres de payer une portion de la dette absolument à leur gré, de la rembourser ou de solder les intérêts, d'emprunter ou de ne pas emprunter, d'accroître ou de ne pas accroître la masse vénale des rentes ; lorsque jusqu'ici on avait pensé qu'un système de finances devait avoir une fixité nécessaire et la garantie de la loi. Le ministre des finances n'a point mésusé d'une telle confiance. Mais il n'en est pas moins vrai que la vente de quinze millions de rentes a été considérée comme une opération de détail et d'exécution qui pouvait avoir ou n'avoir pas lieu, au gré des ministres.

De nouveaux fonds ont été affectés à l'établissement ecclésiastique ; mais c'est cet objet surtout qu'on a voulu mettre hors du domaine de la loi. Plutôt que de lui donner l'attache et la garantie nationales, on a mieux aimé l'assimiler aux moindres établissemens administratifs, et le laisser en proie à toutes les chances des variations ministérielles, afin de pouvoir profiter sans contradiction de celle qui se présentait pour le moment. Le nombre des évêchés, et le sort des ecclésiastiques, ont été laissés à la merci de l'autorité. On avait la main sur elle, et on a voulu la rendre d'autant plus absolue qu'elle était plus faible.

Et quelles discussions aurions-nous entendues si, comme il en a été imprudemment question hors des chambres, on eût proposé une indemnité en faveur des émigrés ! C'est bien alors qu'on eût répété avec M. Fiévée : « Depuis le retour du roi, nous avons vu » apparaître une classe qui veut avoir le pri- » vilége des malheurs accomplis ; cet égoïs- » me révolte, et nuit beaucoup à l'union » qu'il eût été si facile de rétablir, si cha- » cun n'avait réclamé que sa part dans les » douleurs du passé. » Et puisqu'il ne s'agit ici que de malheurs pécuniaires, quelle longue liste de pertes en ce genre pourrait être dressée ; les propriétaires des redevances féodales, les titulaires des charges vénales, les capitalistes remboursés en papier monnaie, les colons de Saint-Domingue passés de l'opulence à la misère, les parens des condamnés, les négocians taxés au maximum, les rentiers de l'état dépouillés des deux tiers de leur créance, les créanciers engloutis dans la vaste banqueroute de 1808, les cultivateurs incendiés et dévastés par les deux invasions; quel est donc le titre particulier, le cas d'exception pour ceux qu'on voudrait indemniser par préférence? On comprendrait que dans l'hypothèse où il s'agirait de proclamer solennellement qu'il y a des vainqueurs et des vaincus, et où le point de départ de notre état actuel serait le triomphe de certains intérêts sur d'autres intérêts, il fût question d'indemniser et de traiter avec munificence ceux dont on constaterait la défaite. Encore une telle opération aurait-elle beaucoup de difficultés et d'inconvéniens. Mais si c'était le parti vainqueur qui voulût se conférer à lui-même des avantages pécuniaires, par privilége et en se considérant comme seul lésé par les malheurs communs, alors tous les intérêts opposés ou différens seraient raisonnablement alarmés de cet usage de la force, ils élèveraient une forte clameur, et les bons citoyens auraient la douleur d'entendre dire de tous côtés, depuis la tribune jusqu'aux chaumières : « Est-ce une taxe de » guerre qu'on voudrait réclamer de nous? » En ce cas il fallait prendre part aux contri-» butions infligées à la France par le traité » du 20 novembre 1815, et faire bourse com-» mune avec l'armée d'occupation ». Mais ce scandale et ce péril ont été épargnés à la chambre. Il est même peu vraisemblable que les guides actuels du ministère et de la chambre puissent y penser sérieusement.

Quant au budget, il a été comme un ôtage retenu à loisir dans les mains qui le gardaient, afin d'avoir un moyen de négocier et de conclure des transactions. Une fois conclues, tout s'est passé facilement et sans grand examen.

Le projet si étrange qu'on a présenté sur

l'administration locale, et qui s'est évanoui à la seule approche de la discussion, est sans doute le plus remarquable exemple de ces marchés fondés sur l'abandon mutuel des libertés publiques. On se plaignait de ce que les communes étaient sans droits reconnus, de ce que la disposition, la possession même de leurs revenus ne leur étaient pas assurées; on demandait si la commune avait une existence propre, ou si elle n'était autre chose qu'une ramification de l'administration générale soustraite au contrôle des chambres; on désirait que la masse des citoyens cessât d'être ainsi isolée de toutes les choses publiques; on avait pensé qu'il était juste et nécessaire de faire cesser une situation si opposée à tout l'esprit d'un gouvernement libre. Après six années d'attente, après tant de promesses et d'espérances, quel est le dénouement? Il consiste à dire que des lois précédentes ont réglé l'administration communale, qu'ainsi à cet égard tout est pour le mieux; qu'il ne s'agit plus maintenant que de priver à jamais de tout droit municipal, de toute participation à des affaires pour ainsi dire domestiques, la masse entière de la population, et de transporter tous ses droits à une classe qui, pourvu qu'on reconnaisse sa supériorité nominale, et qu'elle ne soit jamais mise en question par une élection libre, veut bien ne les pas exercer, et se résout à rester dans la dépendance complète des agens ministériels comme par le passé.

C'est sous cet aspect que s'est montré un parti qui se croit aristocratique. Reprenant toutes ses traditions de l'ancien régime, on l'a vu s'isoler de plus en plus de la nation, se former des intérêts à part, borner toute son ambition à se faire craindre et bien venir du pouvoir, à le tracasser ou l'entraver pour en tirer meilleur parti, à éteindre tout esprit public, à faire disparaître les garanties données à tous, pour chercher uniquement les siennes dans le choix des personnes; enfin, à convertir le gouvernement représentatif en une machine à intrigues, et à couvrir du simulacre de la charte l'esprit du règne de Louis XV : l'esprit qui a énervé tous les ressorts de l'autorité, et l'a livrée sans défense à la révolution.

Mais, dit-on, la contre-révolution est impossible ; certes, oui, elle est impossible ! On ne peut nous rendre ni les mœurs, ni même les institutions incertaines et chancelantes du temps passé ; on ne peut nous rendre ni ces grands tribunaux indépendans, et leur noble résistance aux excès du pouvoir ; ni les priviléges de provinces et leur administration délibérative ; ni cet esprit de corps qui se trouvait répandu partout au défaut d'esprit public ; ni cette nécessité de résister parfois à l'autorité sous peine de déshonneur. Non ; pas une des garanties d'alors ne peut nous être restituée ; mais on peut rendre fictives et mensongères, celles que la charte nous a données et qui sont incomplètes, tant qu'elles restent isolées, comme un arbre stérile au milieu des sables d'un désert ; mais l'intérêt général peut être sans cesse sacrifié aux intérêts privés des hommes qui se disent seuls lésés par la révolution; mais la France peut être peu à peu offerte en sacrifice à la vanité ou au lucre de ceux qui exerceraient ou investiraient le pouvoir.

Et ainsi, à supposer qu'une alliance qui, des deux côtés, ne fut d'abord qu'un expédient, devînt une situation durable, on aurait un ancien régime, qui ne serait pas celui où le cardinal de Richelieu rendait la France arbitre de l'Europe, rétablissait l'ordre dans le royaume, élevait la seule autorité royale au-dessus de toutes les prétentions, et brisait de sa main vigoureuse les vaines trames ourdies par les gouvernemens occultes, qu'on appelait alors tout simplement par leur nom, des intrigues de cour. Ce ne serait pas non plus l'ancien régime de Louis XIV, dans son âge viril, lorsqu'il avait identifié son orgueil avec l'orgueil national, lorsqu'il illustrait les armes françaises, lorsqu'il encourageait les lettres qu'il savait séduire et non pas étouffer, lorsque l'autorité des ministres habiles qu'il avait choisis était protégée de toute sa majesté, contre les cabales ou la présomptueuse frivolité de sa cour. Ce serait l'ancien régime du dix-huitième siècle, dénouant peu à peu tous les liens moraux de la société, craignant tout mouvement de l'esprit national, inquiet de toute supériorité, exploité par des hommes qui n'ayant ni activité, ni vigueur, craindraient tout ce qui a de l'activité et de la vigueur; ce serait un gouvernement incapable d'une guerre ou d'une loi; dont la suprême politique serait d'endormir la nation et de gagner un jour après l'autre, comme a pu faire ce vieillard égoïste qui *donnait des lois à notre France languissante;* un gouvernement qui regarderait partager la Turquie, comme on regarda partager la Pologne; qui se confierait à un repos apparent, à un bien-être matériel dont les cœurs ne sont pas touchés, dont les esprits ne sont pas séduits; qui oublierait combien chèrement a été payé le calme de l'époque antérieure à la révolution, et par combien de prospérité elle fut aussi immé-

diatement précédée ; qui ne voudrait même
pas se souvenir combien la France semblait
heureuse la veille du 20 mars.

CHAPITRE V.

De la division des propriétés.

Quelques personnes regardent la trop grande division des propriétés comme un grand obstacle au bon ordre et à la classification des citoyens. Cela serait fort triste, car ce sont de ces choses qui sont hors du domaine des volontés d'un gouvernement. Les lois règlent la société, et ne la font pas. Nous sommes ici sur le terrein, non plus de l'État, mais de la famille et des relations privées. Tout l'ordre politique est destiné à protéger et à régulariser cet empire des mœurs; s'il veut le détruire et le réformer, il n'est plus qu'une vaine et dangereuse tyrannie.

En cela, comme en tout, l'action de la révolution n'a pas été si subite et si grande qu'on le dit. Il n'y a pas eu tant de différence qu'on veut bien le croire, entre la veille et le lendemain.

Après la chute du régime féodal, lorsque la guerre eut cessé d'être pour la noblesse un moyen de s'agrandir, de s'enrichir et de bien faire *ses besongnes*, comme parle Philippe de Comines, il est certain qu'elle devait éprouver une grande difficulté à se maintenir dans son état. Nous venons de voir que le cardinal de Richelieu s'en apercevait et ne savait trop qu'y faire. Il voyait bien aussi que la principale cause de cette ruine, était le goût et le besoin du luxe, propagés par l'exemple de la cour. Il recommande fort l'économie. Louis XIV fut peut-être plus conséquent, et sa politique plus conforme à elle-même, en excitant à toutes les vanités de la dépense. Un des témoins les plus naïfs de ce règne, Dangeau nous apprend à quel point l'argent était prodigué par le roi à tout ce qui l'entourait, et cependant il n'enrichissait personne; à peine fournissait-il aux frais du luxe qu'il avait créé. Peu d'années s'étaient écoulées après lui, qu'un ministre pouvait écrire : « La noblesse est ruinée jusqu'à ne

» pouvoir subsister que par des mésalliances » et autres démarches qui l'avilissent (1). »

Si la noblesse se ruinait, cependant l'état n'en continuait pas moins à s'enrichir progressivement. Ainsi les propriétés devaient aller en se subdivisant. L'on vit déjà alors ce qu'on reproche au temps actuel, c'est que la richesse mobilière, les capitaux, étaient devenus un auxiliaire indispensable de la richesse territoriale, ou, en d'autres termes, que dépenser son revenu entier, lorsque tous les besoins et toutes les valeurs suivent une marche rapide et croissante, est un moyen assuré de ne pas conserver sa fortune. Déjà se manifestait cette juste et indispensable loi : que l'économie ou l'industrie sont commandées à celui qui veut s'enrichir, ou même se maintenir riche.

Toute législation lutterait bien imparfaitement contre une telle nécessité ; il faut

---

(1) M. d'Argenson, *Gouvernement de la France.*

choisir entre deux choses : ou que l'état n'ait point un mouvement progressif de richesse, ou que les grands propriétaires sachent y participer. La chose ne s'est point passée ainsi en France durant le dix-huitième siè-cle. En vain les lois permettaient ou pres-crivaient dans diverses provinces, ces par-tages inégaux des successions, qu'on re-garde aujourd'hui comme la panacée uni-verselle ; en vain les bénéfices ecclésiastiques, les faveurs de la cour et les abus, venaient au secours de la noblesse, elle perdait l'in-fluence de la richesse, comme les autres in-fluences. Les grands seigneurs avaient aban-donné leurs féodales demeures pour venir solliciter la faveur domestique de loger dans quelque entresol ou quelque mansarde du pa-lais. Leurs châteaux tombaient en ruines ; leurs terres étaient cultivées sans soins, et leurs revenus dilapidés. Tous ces petits ma-noirs qui couvraient le territoire de quelques-unes de nos provinces, et où habitaient des familles nobles ou vivant noblement, dans un loisir qui admettait l'économie, la rusticité et la surveillance de la culture, ces petits manoirs devenaient successivement des bâtimens d'exploitation ; leurs propriétaires s'en allaient détruire ou diminuer leur fortune au service militaire ou dans le luxe des villes.

Que, si au contraire on veut observer ce qui advenait, ce qui advient encore aux familles qui vivent d'une manière stable et économique au milieu de leurs propriétés, on les voit non-seulement se maintenir au même état, mais augmenter assez promptement leur consistance. Les provinces offrent plus d'exemples qu'on ne croit, de ces succès obtenus par l'épargne et le bon ménage de son avoir. En vain les droits féodaux ont été supprimés, en vain toutes les calamités révolutionnaires sont venues porter échec à ces fortunes, en vain les nouvelles lois de succession ont présidé au partage entre de nombreux enfans. Ces familles, à force de soin et de sage conduite, en accumulant l'économie d'une année sur l'économie de l'autre année, se trouvent aujourd'hui plus riches et plus importantes qu'il y a trente ans ; et cependant jusqu'ici il n'y a pu avoir pour placement et pour débouché de ces capitaux formés avec des revenus, que les achats de terres. Que serait-ce si la confiance publique eût permis de leur donner un autre emploi et une circulation plus active !

C'est aux mœurs et à l'état social plus encore qu'au texte des lois civiles qu'on doit attribuer cette division croissante des propriétés. La vente des biens nationaux de toute origine, et les subversions politiques ont été une cause directe de la dispersion de beaucoup de grands corps de propriété. Mais il y a des motifs visibles pour que ce mouvement ne s'arrête point de sitôt.

L'homme qui travaille la terre, qui n'a nulle autre industrie, nulle autre habitude, compte son travail pour rien. C'est sa vie, comme le boire et le manger ; c'est l'unique emploi qu'il sache donner à son activité. Lors donc qu'il se trouve possesseur d'un capital, et qu'une portion de terre est mise en vente à sa portée, il a sur l'acquéreur, qui ne travaillerait pas, une prime équivalente à toute la valeur du travail. Si le revenu brut de la terre est de 10 pour 100, et que 5 pour 100 soit le prix de la culture, le paysan calcule que la rente entière lui reviendra, et en conséquence il paye ce lot de terre beaucoup plus cher que le capitaliste qui n'en retirerait que 5. Il trouve bien plus de sécurité et d'indépendance à se solder à lui-même la valeur de son travail, qu'à attendre qu'un autre l'emploie temporairement, moyennant un salaire incertain.

Il n'y aurait qu'un seul moyen de lutter contre des concurrens dont la chance est si favorable. Ils n'ont en général aucune lumière; la culture est pour eux une aveugle routine; en outre, ayant épuisé leur capital à acquérir chèrement le sol, ou ne pensant qu'à l'étendre de la même sorte, ils ne font aucune de ces avances de culture qui produisent souvent des améliorations si profitables. Ainsi l'homme qui étant comme eux assidu et économe, et de plus intelligent et industrieux, entreprendrait avec des capitaux une spéculation agricole, pourrait sans duperie posséder une vaste propriété. Si nous continuons à suivre, sans nulle secousse, la carrière de prospérité où nous sommes entrés, c'est le seul moyen naturel et efficace de lutter contre l'éparpillement des propriétés; ce moyen servira en même temps à accroître la richesse nationale, et à instituer des supériorités et des influences réelles et bienfaisantes.

Si l'on voulait bien examiner l'Angleterre, sans doute on découvrirait que cent trente ans de stabilité et de bonne foi dans la gestion des affaires publiques, la non-existence d'une cour, l'habitation des riches à la campagne, et l'application des capitaux à la culture sont les principales causes de l'état de la propriété; la législation s'est trouvée en harmonie avec cette tendance; c'est-à-dire que le maintien en a été rendu possible par toutes ces circonstances ; même sans la législation, on serait arrivé à des résultats à peu près semblables, tandis que la loi seule eût été ou brisée ou éludée. Ce qui le prouve c'est que la même concentration se remarque dans les richesses mobilières, et cependant la loi qui régit les domaines réels n'est point la même qui régit les biens personnels.

Sur ce point, comme sur tous les autres, c'est encore dans les traditions de l'ancien régime qu'on veut rentrer. Quoi de plus bizarre que d'entendre gémir et s'indigner contre la petite propriété, des hommes qui ne savent pas jouir de la grande, qui n'y habitent point, qui n'en font point un centre de patronage, de charité, d'amélioration ; qui forcent les habitans des campagnes à rechercher l'indépendance à défaut de protection, et la propriété à défaut de salaires ? Quoi de plus factice que ce goût pour de vieilles demeures dont on laisse, comme il y a cinquante ans, crouler les nobles crénaux et les antiques tourelles, tout en les admirant dans les paysages ou dans les romances; sauf à les mettre quelque jour en vente pour accroître son revenu ou pour payer ses dettes, en déclamant contre la bande noire qui a l'indignité d'acheter ce qu'on est charmé de lui vendre. M. Fiévée dans un des écrits qu'il a publiés sur l'organisation municipale, a traité cette question de la petite propriété avec la sagacité qui le distingue. On ne peut dire mieux, ni plus juste (1).

On raconte que Maupertuis disait, en s'étendant dans un fauteuil : « Je voudrais bien » résoudre un beau problème, qui ne fût pas » difficile. » C'est précisément ainsi que parlent une foule d'hommes qui s'en vont prêchant les avantages de la grande propriété : « Nous voudrions bien être riches sans nous » donner de peine, et nous voudrions que » nos enfans le fussent après nous, sans que » nous soyons contraints d'être économes. » on ne peut absolument contenter ce sou-

---

(1) *Lettres sur le projet d'organisation municipale*, 1821, page 47 et suivantes.

hait, tout naturel qu'il est; un tel problème n'a pas de solution.

En effet, voyons combien il est injuste de s'en prendre aux lois. La faculté de tester est-elle donc enlevée aux parens? Non : elle leur est accordée dans une mesure juste et raisonnable; rendre un de ses enfans deux fois plus riche que chacun des autres est assurément une latitude suffisante, pour donner à l'héritier privilégié le moyen de maintenir l'état et la consistance de la famille. Il est en droit d'espérer une fortune égale à la sienne par le mariage. S'il se conduit sagement et ne dépense que son revenu, il est évident que voilà une famille qui ne déchoit pas. Mais peut-être les pères n'usent-ils pas de cette faculté que la loi leur a laissée? Peut-être la plupart des partages se font-ils à titre égal entre les enfans? s'il en est ainsi, et pour traiter cette question, il faudrait se présenter avec une grande masse de documens exacts et authentiques; s'il en est ainsi, il s'agira donc d'attenter au pouvoir paternel, de faire intervenir la société dans l'intérieur de la famille. C'est ce qu'a articulé positivement l'auteur d'une dissertation insérée, l'an dernier, dans la Revue d'Édimbourgh; dissertation fort remarquable par la connaissance profonde de l'état matériel de la société en France; tandis que l'auteur semble ignorer son état moral, ce que démontre assez la conclusion, qui ne va pas à moins qu'à des mesures coercitives appliquées aux fortunes particulières.

Ne se trouve-t-on pas ici aux limites du pouvoir public? En essayant de pénétrer dans cette enceinte ne risque-t-il pas d'être tyrannique ou illusoire? Un père ne voit pas dans l'ordre social actuel de chances suffisantes pour des enfans puînés, à qui il ne laisserait qu'une modique part dans son héritage; ils ne peuvent être placés dans des bénéfices ecclésiastiques; nulle carrière, nulle profession ne leur est réservée par privilége; partout concurrence, partout émulation; la France n'a pas non plus ces vastes colonies, cet autre univers où une foule de ses citoyens peut aller chercher une fortune assurée; en outre l'avoir de chacun ne se composant point, du moins en général, de propriétés territoriales et de capitaux mobiliers à la fois, il est difficile de faire à un héritier de grands avantages en domaines fonciers, lorsque ses cohéritiers ne peuvent recevoir de compensation en capitaux. Et cependant vous voudriez contraindre le père à laisser ses enfans dans le dénûment; vous voudriez qu'il mourût en livrant leur bien-être à tous les risques du sort; vous voudriez lui défendre la prévoyance paternelle; commencez donc auparavant par tout disposer dans la société pour que sa tendresse et sa raison n'aient plus de justes alarmes sur l'avenir de ceux de ses enfans qu'il traitera moins favorablement.

Ce qui fait le mérite du Code civil qui nous régit, c'est d'avoir été pris dans notre état de société, de s'être, dans presque tous les points, calqué sur les mœurs et les nécessités actuelles. Aussi a-t-il reçu la meilleure de toutes

les sanctions, la seule véritable, le consentement universel.

Mais, pour échapper à toutes les indications de la justice et aux résultats naturels de
notre situation, ne voulant pas se fier à la
volonté paternelle et à l'esprit de famille, on
propose encore la législation des majorats ;
c'est-à-dire, qu'on voudrait dispenser à jamais de l'industrie et de l'économie les possesseurs de certaines propriétés, et interdire
toute une part du royaume de la faculté de
servir de gage à un capital circulant. Encore
faudrait-il que ces majorats, passant pour
ainsi dire dans le domaine public, fussent
institués d'office par la loi; car enfin il est
permis par le Code de faire des majorats petits ou grands; et, s'il y en a si peu, c'est apparemment que les pères de famille ne s'en
soucient guère : c'est eux, et non la loi qu'il
faut gourmander. Il ne s'agit donc de rien
moins que d'enlever la propriété d'une plus ou
moins grande quantité de citoyens, et de les réduire à être seulement usufruitiers de leur bien.

Il est facile de se rendre compte de l'effet économique d'une telle mesure. Pour qu'un domaine inaliénable, produise l'avantage qu'on en espère, il faut supposer le titulaire réduit à ce seul domaine. En effet, le bénéfice de cette législation ne lui a pas encore été applicable s'il a conservé ou acquis d'autres biens; car celui-là comme les autres lui serait resté, et ferait partie de la richesse qu'il possède sous l'empire du droit commun. Mais s'il n'a plus que ce seul revenu, et nous devons raisonner dans cette hypothèse, il ne lui est plus possible de se procurer aucun capital à appliquer en amélioration. Rien ne le porte à l'économie, puisqu'il est sûr de conserver sa propriété, même malgré lui; il ne se ménage aucun excédant de revenu; les réparations, les accidens imprévus, le surprennent sans nulle réserve; son domaine se dégrade; le revenu diminue, et peu de générations sont écoulées avant que le titulaire de ce domaine privilégié soit atteint par la gêne et le mal-être au milieu des précautions de la loi pour le conserver riche.

Et ce n'est pas là un simple examen de la nature des choses, une prédiction faite par le seul raisonnement; c'est la voix de l'expérience, c'est ce qu'on a toujours remarqué. Lorsque M. d'Aguesseau fit rendre l'ordonnance de 1747, sur les substitutions, il ne fut guidé par aucune vue politique; le temps était passé où l'on travaillait à énerver et à détruire la noblesse. L'œuvre était pour lors consommée. Ce fut, comme le dit l'illustre auteur de cette ordonnance, *pour la sûreté du commerce et le repos des familles* (1), ce fut après beaucoup de méditations, après avoir consulté les hommes les plus instruits, après avoir suivi les indications et l'esprit de la plupart des coutumes du royaume, qu'on régularisa, bien plus qu'on ne changea la législation en cette matière. On peut citer à ce sujet un des plus beaux écrits qui aient ja-

____

(1) M. d'Aguesseau, lettre du 24 mai 1748.

mais été composés sur l'économie publique : le mémoire de *Lege agraria*, par don Gaspard Jovellanos (1). On y trouve toutes les lumières de l'expérience et de l'observation, servant de preuve et de soutien aux vues les plus générales. Il est vraiment triste d'avoir à débattre encore de semblables questions, éclairées depuis si long-temps par de grands esprits, que le simple aspect des faits a mises à la portée de tout le monde, et que l'on croyait résolues pour toujours aux yeux de la raison.

L'exemple de l'Angleterre est allégué d'ordinaire pour prouver que les prééminences sociales sont fondées sur les lois de la succession. Mais comme nous l'avons remarqué, il faudrait d'abord examiner si l'abondance des capitaux, et la sécurité des transactions entre particuliers, sécurité qui ne peut se fonder que sur la bonne foi et la stabilité des rela-

____

(1) Traduit dans le quatrième volume de l'*Itinéraire* de M. de Laborde.

tions avec le gouvernement, ne sont pas les causes véritables de l'état actuel de l'Angleterre. En effet, nous avons remarqué que la seule concurrence possible contre l'ouvrier agricole est celle du capitaliste industrieux. Or, en Angleterre la puissance des capitaux est venue presque sans intervalle succéder à la puissance territoriale de la féodalité et se placer dans les mêmes mains. Elle n'a pas eu à refaire de grandes propriétés, mais à les maintenir, ce qui est bien plus facile. Elle n'a pas eu à lutter contre le désir de posséder qu'inspire nécessairement au paysan, l'absence du salaire et de la protection du grand propriétaire. Il en a été, économiquement parlant, comme politiquement; l'aristocratie de la civilisation nouvelle est dérivée sans secousse et sans interruption de l'aristocratie de la civilisation féodale. La chaîne des temps et des souvenirs n'a pas été brisée. Les droits ont pris racine sur un terrain consacré par le respect dû aux siècles passés.

Cependant la situation de l'Angleterre

est-elle donc si séduisante? Ne voyons-nous pas des hommes sages s'épouvanter de cette concentration excessive de la richesse, de ces sept millions de prolétaires : peuple que la classe propriétaire est chargée de faire vivre sous peine d'en être dévorée ; ennemis dont il faut se racheter sans cesse par des salaires, ou par la taxe des pauvres, qui n'est autre chose qu'une espèce de rançon destinée par une nation civilisée à apaiser les barbares qui la menacent. Quelle habileté, quel esprit public à la fois ferme et prudent ne faut-il pas dans cette aristocratie pour n'employer jamais la force qu'après avoir rempli tous les devoirs d'une autorité paternelle et bienfaisante ! Quelle union intime d'intérêts et de sentimens dans la nation propriétaire, exige et suppose cette défense de tous les jours contre un commun adversaire!

Et chez nous, comment se fait-il, que par la plus folle contradiction, les mêmes personnes qui se félicitent et s'enorgueillissent de l'apathie populaire, de ce calme parfait, de cette occupation des intérêts privés et de cet oubli des intérêts publics, ne sachent pas voir que cette situation dont ils profitent, est précisément fondée sur ce qu'ils veulent changer et détruire? Si, par impossible, leur chimère se trouvait tout à coup accomplie, si l'ordre social n'emportait point dans son cours leurs projets aveugles et leurs vains efforts; quelle ne serait pas leur épouvante soudaine et bien fondée, de voir tout à coup des milliers d'individus n'ayant pas un lendemain, pas un intérêt quelconque au repos, et demandant à grands cris des salaires ou du pain, lorsque parfois on ne peut leur en donner? Quelle figure ferait contre de si terribles masses, cette force présomptueuse qui invoque toutes les foudres du pouvoir contre quelques centaines d'étudians, et qui se trouble devant le convoi d'un enterrement?

Rien au contraire ne rend une population plus calme et plus morale que cette distribution des propriétés. Tous deviennent ainsi actionnaires dans cette grande association des intérêts publics ; tous aiment le repos et le bon ordre qui leur est si nécessaire ; le pauvre devient prévoyant et économe, il travaille davantage, car c'est à lui que profite son labeur ; sa vie devient plus régulière et plus sédentaire ; il acquiert le respect de la propriété, puisque lui aussi est propriétaire. Quant à la richesse nationale et à l'amélioration de la culture, il faudrait fermer les yeux à l'évidence pour ne pas voir ce qu'elles ont gagné à ce nouvel ordre de choses. Il y a telle paroisse de quinze cents habitans, où l'on n'en trouverait pas dix qui possèdent sans mettre la main à l'ouvrage. La culture ne s'y fait presque plus qu'à la bêche ; les produits sont ceux des jardins et non plus ceux des champs et donnent conséquemment des revenus presque décuples. Il faut aussi compter pour quelque chose la diminution des chances de disette. Chacun étant chargé de pourvoir à sa subsistance et à celle de sa famille, y met nécessairement quelque prévoyance , et recueille un peu plus que sa stricte provision ; il arrive par-là que le territoire se couvre d'une foule de petites réserves, réparties entre toute la population agricole ; ce qui forme sans nul doute le plus vaste et le plus efficace de tous les greniers de précaution. En outre, la petite propriété comporte une grande variété de produits qui peuvent suppléer du plus au moins à la disette des grains ; et enfin lorsque les saisons ou l'instabilité de la législation amènent une telle calamité, le besoin et la misère se trouvent isolés, et ne deviennent pas le principe de ces terribles réunions, de ces bandes excitées à la fureur par l'idée de la faim.

Ce n'est donc point aux hommes qui s'applaudissent avec imprévoyance du calme apathique des peuples, qu'il conviendrait de s'affliger sur la circonstance qui favorise le plus cette indifférence sociale. La grande division des propriétés isole les citoyens les uns des autres ; personne n'a besoin de son voisin ; chacun n'a affaire qu'à la législation générale, et ne connaît de l'état, que le percepteur qui exige l'impôt, et le préfet qui envoie sous les drapeaux l'enfant de la maison. Aucune autorité librement désignée et reconnue n'émane de ces individus étrangers les uns aux autres; et il arrive, conformément au cercle nécessaire des causes et des effets, que comme il y a plus de chances pour l'ordre et le repos, il y a moins besoin de pouvoir.

CHAPITRE VI.

De la liberté d'industrie.

Cette question a de grands rapports avec
la précédente. Les effets moraux et politiques
de l'extrême subdivision des entreprises industrielles sont de même nature que les effets de la multiplicité des propriétaires fonciers. Il est seulement à remarquer que les
gens qui s'imaginent qu'on change les mœurs
d'une nation et sa constitution sociale, en écri-
vant sur du papier des articles de loi, en
les faisant approuver par un nombre suffisant
de boules blanches, et les insérant au bulletin des lois, semblent avoir sur ce sujet
des idées encore plus vagues.

Que des intérêts de même nature s'associent
entre eux, s'unissent pour se défendre, et
forment une société dans la société publique,
lorsqu'elle ne peut leur assurer protection

et liberté, cela est simple : c'est l'ordre nécessaire des choses. Ce fut le principe de l'association communale ; ce fut le principe des
corporations. Quand le gouvernement fut
meilleur, et qu'on commença à croire qu'il
existait pour l'avantage commun ; quand
l'opinion plus forte devint peu à peu une
garantie contre l'injustice et la violence, alors
le principe des corporations disparut (1). Ce
qui était utile devint superflu ; ce qui avait
procuré quelque liberté ne fut plus qu'un
moyen de gêne, et l'institution périt. On
trouve des personnes qui croient que M. Turgot la supprima, et qui même lui en font un
reproche ; comme si jamais il eût été au
pouvoir d'un ministre de rompre d'une façon
durable des liens sociaux fondés sur la nécessité et jouissant d'une existence réelle. Plusieurs publicistes ont dévelopé avec complaisance les plus solides argumens contre

____

(1) *Cessante ratione cessat et ipsa lex.*

les constitutions écrites , sans prendre garde que la conséquence immédiate de ce qu'ils ont dit , c'est qu'il est impossible , en fait d'institution , de rien détruire ou de rien créer qui ait vie, et que l'action du législateur est vaine , toutes les fois qu'il fait autre chose que de constater et de régler ce qui est. Mais il arrive toujours qu'en matière de législation, on reproche à ceux qui ont enseveli les morts de les avoir assassinés ; maintenant on veut faire mieux, on veut les tirer de la poussière du tombeau et les faire régner sur les vivans.

Si donc on demandait à quelques-uns de ceux qui se complaisent aux idées , ou pour mieux dire aux mots de corporation , de jurandes , de maîtrises et de classification de la société , ce que précisément ils voudraient faire , certes, on les mettrait fort en peine. Est-ce que les professions deviendront exclusives, et que le nombre de ceux qui exercent chacune d'elles sera compté par la loi ou par l'autorité ? Alors que ferons-nous du reste? qui donnera aux fabricans privilégiés les capitaux nécessaires pour employer, dès à présent et pour toujours, comme ouvriers, les hommes repoussés du droit d'avoir une existence personnelle? Il y a en ce moment vingt-six mille métiers à Lyon et l'on n'en comptait que dix mille il y a peu d'années. Une variation quelconque dans le commerce peut réduire accidentellement cette heureuse affluence de demandes. Les négocians n'ont vraisemblablement pas assez de fonds pour continuer la fabrication et accumuler la marchandise en attendant que la consommation se rétablisse. Alors que se passera-t-il? Si l'ouvrier est à son propre compte, comme on dit que cela est maintenant très-commun, et qu'avec quelques avances ou quelque petit capital, il se soit fait le chef d'une fabrique composée de son seul métier, alors l'économie et la prévoyance seront devenues pour lui une nécessité et une habitude; sa femme fera aussi quelque genre de travail ou de commerce. Ils se seront accoutumés à être leur propre providence à eux-mêmes ; à ne pas attendre leur pain d'un maître. Ils n'auront pas beaucoup de lendemains devant eux, mais ils en auront quelques-uns. La misère pourra les atteindre ; ils pourront souffrir, mais faits à l'indépendance, chargés de la responsabilité d'eux-mêmes, ils essaieront de gagner par quelque autre moyen.

Si au contraire vous faites des ouvriers le servile troupeau de quelques manufacturiers, si toute leur sagesse et leur épargne ne leur permettent point d'aspirer à avoir une existence, alors ils ne seront ni économes, ni prévoyans. Ils vivront au jour le jour ; c'est à leurs maîtres à les nourrir, puisque ce sont eux qui les empêchent de devenir responsables de leur nourriture. Ceux-même que vous émanciperez de temps en temps, trouvant toute l'industrie concentrée en peu de mains, ne pourront lutter contre des rivaux si puissans en capitaux, qui ont la faculté d'attendre les profits et de laisser se ruiner les concurrences nouvelles. Lorsqu'ensuite arrivera quelque crise, quelque diminution de consommation, vous aurez affaire à une populace plus compacte, moins morale, n'ayant rien à ménager, ne donnant point pour otage à l'ordre public l'existence d'une famille; il vous faudra combattre avec elle les armes à la main. Est-ce donc des recrues pour les radicaux que vous voulez faire?

Mais dans ces corporations, il faut établir, dit-on, des autorités, des supérieurs; soit : mais qu'auront-ils à faire? On comprend que lorsqu'une communauté a à traiter d'affaires avec le gouvernement, elle nomme des syndics pour la représenter; mais quel intérêt commun des fabricans auront-ils habituellement à défendre, auprès de la puissance publique? En quoi la législation actuelle de l'impôt, qui, en définitive, est le point de contact habituel des citoyens avec le gouvernement, établit-elle des relations avec les masses des individus, plutôt qu'avec les individus eux-mêmes? Il faudra donc changer la législation financière, se créer des résistances où il n'y en a pas, et compliquer ce qui est simple ; en cela que fera-t-on pour les contribuables? On substituera l'action des syndics à celle des employés du fisc. Cela pouvait être bon lorsque l'arbitraire régnait dans la perception des impôts, lorsque des intendans, des tribunaux d'exception et des arrêts du conseil prononçaient sur la réclamation des redevables. Alors, il leur était utile d'armer en leur faveur l'esprit de corps et de se défendre au nom de tous ceux qui étaient exposés aux mêmes poursuites. Aujourd'hui tout se bornerait à avoir pour percepteur son voisin et son concurrent, au lieu d'un employé révocable et responsable. Ce serait retrouver les inconvéniens de l'institution, sans en obtenir les avantages. Une loi de 1816 a permis aux débitans de boissons, de se former en corporations, et de s'abonner avec le trésor. Il est fort peu de villes où ils aient voulu user de cette faculté ; chaque année a vu, sans nulle action de l'autorité, se réduire le nombre de ces abonnemens et de ces corporations. Il était curieux de remarquer comment les règlemens de cette perception paternelle, étaient tout aussi durs et sévères, que ceux de la perception faite directement par le fisc; et l'on a pu s'informer qu'en plusieurs lieux les contribuables se tenaient pour plus assurés de trouver le bienfait de l'impartialité, en conservant leurs relations directes avec le trésor royal.

Ces syndics veilleraient-ils à la fabrication? Prescriraient-ils des conditions à l'industrie? L'empêcheraient-ils de suivre ou de provoquer le goût ou la fantaisie des consommateurs, de leur fournir à meilleur compte, en fabriquant plus économiquement? En outre, quelle classification donnerait-on à toutes ces professions impossibles à distinguer nettement les unes des autres? Chacun ne pourra-t-il se livrer qu'à un genre de commerce ou de fabrication? Ne pourra-t-il plus joindre un travail à un autre, et essayer une spéculation différente de celle qui lui aurait mal réussi? Sur tous ces points, il faut lire le mémoire présenté par la chambre de commerce de Paris, et les délibérations des conseils généraux du commerce et des manufactures. Cette question y est traitée avec un degré d'évidence qui ne laisse pas une réplique raisonnable. Ce sont des faits et le bon sens opposés à des rêveries (1).

Mais, dit-on, il n'y aura aucune gêne apportée à l'industrie, les professions seront d'un libre accès pour tout le monde ; les impôts continueront à être sous les garanties générales : cependant il convient d'avoir des corporations et des syndics ; il faut créer des supériorités. Ce serait encore cette combinaison ridicule et souvent funeste de vouloir conférer l'importance sans fonctions, et l'élévation sans influence. Ce serait exciter et cultiver la vanité, et non pas l'esprit public. On peut établir des priviléges, même fort grands, lorsqu'ils ont pour motifs l'intérêt général ; il est dangereux d'accorder même

______

(1) Voyez aussi l'écrit de M. Anth-Costaz sur cet objet. On y lit avec détail ce qu'étaient devenues les corporations avant leur suppression.

les plus petits, lorsqu'ils ne se rapportent à rien. Sans doute il fallait que ce fût une grande satisfaction pour les auteurs du prétendu projet de loi communale, présenté à l'autre session, d'avoir à prononcer les mots : syndics et corporations, car ils les y avaient insérés, sans que personne sache en France quelles choses existantes représentent ces paroles. Il semble qu'on veuille créer des syndics, comme le gouvernement impérial avait fait des comtes et des barons, pour la beauté du nom, et sans tirer à autre conséquence.

Ce n'est pas ainsi que l'esprit d'association, si salutaire dans une nation, doit être recherché ; il ne faut pas tenter de le trouver où il ne peut pas être. Les mœurs actuelles sont loin de le repousser. Toutes ces sociétés qui mettent des capitaux en commun pour des entreprises d'industrie, de commerce, d'assurance, d'accroissement de fonds, sont les vraies corporations de notre époque, celles qui ont de l'existence. C'est là ce qui réunit les citoyens entre eux et les attache à la chose publique, à l'ordre général. Remarquons que comme elles jouissent d'un degré réel de consistance, les faux amis de la classification sociale ne laissent pas que de les suivre d'un œil de méfiance, de s'inquiéter de l'esprit qui y peut régner, des moyens d'union et de correspondance qu'elles peuvent avoir. Tout ce qui est apparence et simulacre charme leur imagination ; tout ce qui a de la vie et de la force les jette dans le trouble.

C'est ainsi qu'on a mieux aimé emprunter de l'argent à un intérêt excessif, que de confier l'entreprise des canaux à des associations chargées de terminer les travaux. Ces associations s'en seraient acquittées plus promptement ; les projets qui auraient servi de base à la concession auraient été par-là fixés et mis l'abri de l'imagination des ingénieurs qui n'auraient pu ensuite leur donner un développement indéfini ; l'entretien de ces canaux restant à la charge de leurs propriétaires aurait été ainsi hors des risques que peuvent leur faire courir les variations du budget de l'état. De nombreux ouvriers, des entrepreneurs, auraient contracté des relations avec ces sociétés, avec les hommes qui les eussent dirigées; par-là des importances réelles, des influences utiles et fondées en raison, auraient pu naître et se continuer, comme on en a eu l'exemple lors de l'ouverture du canal de Languedoc. Au lieu de cela, on n'a aucune garantie sur la limite de la dépense, ni sur le terme des travaux; et, tout en convenant de l'inconvénient de la centralité, l'administration continue à retenir en sa main, ce qui dans l'intérêt public serait beaucoup mieux aux mains de l'industrie particulière.

S'il est vrai de dire que la puissance des capitaux est le seul moyen de contrebalancer le penchant à la trop grande division des propriétés et de créer des prééminences sociales, cela s'applique plus évidemment encore à la division des entreprises industrielles;

la faculté de faire des avances et d'attendre des rentrées donne au capitaliste un avantage considérable sur l'homme qui n'est qu'industrieux. L'établissement des grandes existences de cette espèce doit même être plus prompt et se montrer beaucoup plus tôt que l'application des capitaux aux industries agricoles. Il faut en effet que les profits des autres spéculations soient déjà atténués, que l'argent soit tombé à un intérêt raisonnable ; il faut que tout présente un aspect de fixité et de durée pour que les capitaux viennent se porter sur les entreprises plus lentes de la culture des terres. Mais c'est précisément l'importance des grands capitalistes, qui est un sujet de chagrin pour ceux qui reprochent à la société française de manquer d'hiérarchie. Leur richesse, leur indépendance, l'étendue de leurs relations paraissent un moyen d'hostilité, et non pas une garantie. Comme précisément c'est une garantie de l'ordre actuel, et que c'est lui qui déplaît et qu'on attaque, on se livre à un travail non point de construction, mais de destruction ; et, par une tendance révolutionnaire de la part des uns, despotique de la part des autres, on vit en méfiance réciproque avec toutes les supériorités qui existent, sous prétexte d'en établir d'autres.

De là cette contradiction bizarre entre le ministère et ses auxiliaires. Pendant que l'un s'applaudit de la prospérité de notre industrie et de notre commerce ; qu'il en recueille tous les avantages politiques ; qu'il en voit la liaison intime avec la prospérité agricole, puisqu'elle ne peut recevoir d'autre encouragement que l'augmentation du nombre des individus, qui consomment sans cultiver; les autres s'alarment des progrès et de l'essor du négoce, lui trouvent un esprit démocratique, blessent et alarment la classe industrieuse, s'affligent de la consistance qu'elle prend dans le royaume ; la tribune elle-même retentit de ces tristes luttes de vanité, qui divisent nos provinces et que les complaisances ministé-

rielles ont semblé exciter plutôt que calmer (1).

Ce n'était pas ainsi qu'en usait l'Angleterre
lorsque sa constitution nouvelle commença
à prendre toute son assiette, et à produire
toutes ses conséquences sous le règne de
George Ier. Le gouvernement sentit alors le
besoin de s'unir profondément à tout ce qui favorisait l'intérêt commun et le penchant général. Sans doute les Stuarts avaient encore des
partisans ; sans doute beaucoup de souvenirs
malveillans et de coupables espérances fo-
mentaient encore dans la nation ; sans doute il
y avait des intrigues sans cesse renaissantes et
souvent même de criminelles conspirations ;
mais le gouvernement n'en poursuivait pas
moins sa route avec calme et fermeté ; c'est
dans l'esprit public qu'il puisait son énergie,
qu'il mettait son assurance ; il ne rendait

---

(1) Voir un discours de M. le garde des sceaux, à
l'appui des lettres de relief qu'il avait fait délivrer au
sieur Charrin.

point l'Europe entière témoin de ses alarmes, et ne semblait pas s'excuser auprès d'elle
de rencontrer quelques difficultés intérieures
inhérentes à la situation des choses ; toutes
ses relations extérieures flattaient l'orgueil
national, et avaient pour premier but, celui
qu'elles doivent avoir, la protection du commerce et le soin de lui ouvrir des routes nouvelles. C'était de cela que s'occupait avant
tout cette sage administration. Il n'y avait pas
un discours du trône à l'ouverture des ses-
sions parlementaires qui ne traitât de cet objet comme le plus important de tous, et qui
n'indiquât ou n'annonçât des mesures prises
pour le favoriser. On poussait les esprits
dans cette direction pour les détourner de
tant de souvenirs fâcheux, de tant de haines
mutuelles, de tant de méfiances outragean-
tes. Toutes les classes du royaume se confon-
daient dans cette marche rapide vers l'amélioration des fortunes particulières et de la
fortune publique ; en créant ainsi de nouveaux et de communs intérêts ; en réunissant

en une même impulsion les activités diverses, l'on opéra, en peu d'années un changement immense dans l'esprit public. On ef-
faça les traces des troubles civils; et les contemporains (1) disent eux-mêmes que l'Angleterre ne tarda pas à présenter bientôt un
aspect heureux et renouvelé.

----

(1) En 1720, à une assemblée des actionnaires de la
compagnie du Sud, plusieurs personnes firent des discours à la louange de la bonne administration des directeurs, et M. Hungerfort, fameux harangueur de
la chambre des communes, leur adressa le discours
suivant :

« Messieurs, Dieu a béni votre travail. Vous avez
» fait ce que la chaire, ni le barreau, ni la presse, ni
» aucun ministre, ni aucun magistrat n'a pu faire.
» Vous avez éteint nos animosités domestiques, aug-
» menté considérablement le prix des fonds, et fait
» la fortune d'une infinité de familles. »

(*Mémoires du règne de Georges Ier*, tome 3.)

CHAPITRE VII.

D'une aristocratie selon la charte.

Si les constitutions des peuples se formaient tout à coup, en connaissance de cause et par contrat, l'aristocratie féodale aurait pu s'adresser au reste de la nation à peu près dans ces termes : « Il n'existe aucun gouvernement
» qui puisse maintenir la paix publique et
» rendre justice aux opprimés. Tout est livré
» au droit du plus fort ; rien ne vous garan-
» tit contre les ravages des guerres privées.
» On nous a préposés sur vous comme délé-
» gués d'un pouvoir souverain aujourd'hui
» anéanti. Ou bien, ce qui, en fait, revient à
» peu près au même, on nous a fait maîtres
» de vos terres et de vous. Dans notre inté-
» rêt et dans le vôtre, nous allons devenir
» vos protecteurs. Nous couvrirons nos mem-
» bres d'un rude et pesant acier ; nous mè-

» nerons une vie de courage, de fatigue et
» d'aventure ; nous vous défendrons contre
» les violences. Prenez ces terrains dévastés,
» cultivez-les sous notre garde , en nous
» comptant une part du revenu. Votre avan-
» tage est que nous en restions propriétaires,
» et que vous soyez nos hommes, car alors
» on osera bien moins s'attaquer à vous.
» Nous ferons construire de fortes demeures
» dont la vaste enceinte pourra , en cas de
» péril , donner asile à vos familles fugiti-
» ves, à vos troupeaux poursuivis. En outre,
» nous serons les juges de vos différens, et
» les vengeurs de vos offenses. Nous écoute-
» rons vos plaintes et recevrons le serment
» de ceux qui viendront jurer pour vous.
» Ainsi vous trouverez sous notre autorité
» ce qui constitue la société : défense contre
» l'ennemi extérieur, justice contre l'enne-
» mi intérieur. »

Certes, un tel marché pouvait être conclu,
et la société étant pour lors comme dissoute,
elle a pu se recomposer de cette sorte. Ce lien

de dépendance entre le fort et le faible était sans doute alors le seul moyen de constituer une nation. L'avantage commun reposait sur cette supériorité de quelques-uns sur tous les autres. Il eût été insensé de la contester. Pourtant quand elle cessait d'être exercée pour l'intérêt général ; quand elle n'accomplissait pas sa destination, il y avait de grands troubles. Mais il s'agit ici du principe de cette hiérarchie, et non pas de savoir si ce principe a jamais eu une application durable, universelle et régulière.

Si l'aristocratie anglaise se trouvait en présence de la nation et qu'elle eût à justifier de son titre, il semble qu'elle pourrait répondre : « Oui, nous sommes presqu'inva-
» riablement, depuis longues années, vos
» représentans, sous un titre ou sous un
» autre. Nous ne possédons point vos person-
» nes, mais vos suffrages sont pour ainsi dire
» tombés en notre possession. Cependant re-
» marquez que ce n'est point par la force que
» nous régnons sur vous. Songez avec quelle

» assiduité et quels scrupules nous nous oc-
» cupons des intérêts généraux. Nous les dis-
» cutons en public; ils sont le sujet de nos
» divisions intérieures, et notre titre pour
» prévaloir les uns sur les autres, c'est de les
» mieux connaître. Ce n'est pas entre nous
» seulement que s'établit cet examen, cha-
» cun de vous y peut prendre part, et bien
» que nous seuls délibérions, nous sommes
» entourés et pressés d'une opinion si libre,
» si publique, si hautaine, qu'elle exerce sur
» noustoute son influence, et que contraints
» à la connaître nous ne pouvons la braver.
» Notre corporation n'est ni exclusive, ni
» d'un accès difficile. Les richesses, les ta-
» lens, le savoir, les services rendus au
» pays introduisent parmi nous, sans ob-
» stacles et sans délai, ceux d'entre vous
» qui acquièrent une supériorité réelle. Nous
» les voyons en nos rangs sans surprise et
» sans dépit; au contraire, ceux d'entre nous
» qui ne font rien pour conserver l'in-
» fluence, n'ont pas la prétention d'être

» quelque chose dans l'état. Remarquez aussi
» avec quel soin nous recherchons vos suf-
» frages, que cependant nous semblons as-
» surés d'obtenir. Combien nous flattons vo-
» tre orgueil, en sollicitant, d'époque en
» époque, la faveur d'être agréés par vous.
» Nous ne réclamons pas aigrement une in-
» fluence sur vos choix. Nous tâchons au con-
» traire de vous persuader que vous votez en
» toute liberté. Lorsque parmi les partis qui
» nous divisent, il en est un qui prévaut dans
» quelqu'élection, l'autre n'en prend point
» texte pour vous injurier et vous effrayer de
» son épouvante; mais nous nous applaudis-
» sons en secret de ce que nos adversaires, s'ils
» sont divisés d'avec nous par l'opinion, nous
» sont au fond unis par l'intérêt. Nous sommes
» riches, il est vrai, et vous êtes pauvres. Nous
» possédons presque tout le territoire, et
» le plus grand nombre des établissemens
» d'industrie. Mais voyez quel usage nous
» faisons de notre richesse. Nous habitons au
» milieu de vous ; nous vous procurons du

» travail. Nous entretenons votre bien-être.

» Ceux d'entre vous qui vivent d'un salaire

» quotidien, sont mieux vêtus et mieux nour-

» ris que les individus des autres pays qui sont

» propriétaires. De plus, c'est nous qui main-

» tenons une bonne police dans les campa-

» gnes. C'est par notre autorité que les dé-

» lits sont poursuivis; ce sont des jurys for-

» més parmi nous qui permettent l'accusa-

» tion des prévenus. Vos routes, vos travaux

» publics sont entretenus par nos soins, et

» nous présidons à l'administration de tous

» vos intérêts locaux. De grandes entreprises

» d'industrie sont conçues et exécutées par

» quelques-uns d'entre nous, et l'on ne dis-

» tingue point dans notre aristocratie des

» importances rivales qui s'occupent à s'hu-

» milier et à se nuire. Enfin nous sommes vos

» supérieurs, mais examinez bien et dites si

» cette prééminence se rapporte uniquement

» à nos intérêts, ou si à votre pleine et en-

» tière connaissance, d'après votre expérience

» de chaque jour, elle ne se rapporte pas
» au bien général. »

Mais s'il se trouvait, dans une nation, des individus qui exposassent ainsi leurs désirs à leurs concitoyens : « Nous nous croyons des
» droits à former une aristocratie, et à nous
» dire vos supérieurs. Il nous semble que
» nous l'étions, il n'y a pas encore beaucoup
» d'années, et vous avez eu grand tort de
» nous faire apercevoir que nous n'avions sur
» vous ni autorité, ni influence. A la vérité,
» on nous avait depuis long-temps mis dans
» l'impossibilité de vous être bons à quelque
» chose, mais n'importe, dans un état bien
» réglé il faut des supériorités, même quand
» elles sont inutiles. On a remarqué que lors-
» qu'elles étaient, pour ainsi dire, une fonc-
» tion publique, lorsqu'elles imposaient des
» obligations mutuelles, elles formaient une
» heureuse constitution de la société; con-
» séquemment elles doivent être aussi belles
» et bonnes, quand elles ne servent à rien
» qu'à ceux qui en jouissent. Nous récla-

» mons donc cette position commode et
» heureuse. Nous ne vous promettons point
» d'être vos magistrats gratuits et paternels;
» nous ne vous promettons pas de mériter
» vos suffrages. Au contraire, comme il vous
» viendrait peut-être à la pensée de ne pas
» nous les accorder, nous ferons tout ce que
» nous pourrons pour n'avoir pas à vous les
» demander. Nous ne serons point vos dé-
» fenseurs contre le pouvoir; loin de là nous
» allons tâcher de nous entendre avec lui. Il
» nous fera vos chefs, à condition que nous
» lui obéirons tant bien que mal. Ne serez-
» vous pas contens d'avoir une hiérarchie
» sociale ? car enfin il en faut une. »

Sans doute, répondrait-on, il en faut une;
c'est la condition de l'ordre et de la liberté.
Si les individus d'une nation restent isolés les
uns des autres, ils seront sans défense contre
l'usurpation de leurs droits; mais si, par leur
consentement implicite ou explicite, il se
forme une élite de citoyens éclairés et indépendans en qui se concentrent la force et l'o-

pinion nationales, alors les choses politiques se passant dans le sein de cette nation restreinte et choisie, l'autorité y trouvera résistance contre les abus, protection contre les désordres. Si au contraire cette prééminence est stérile, usurpée et contrainte, si elle n'est pas soumise à la nécessité de représenter les intérêts et les penchans communs, elle sera dans une guerre ouverte ou sourde avec le peuple, et les plus grands désordres menaceront le repos de l'état.

Il serait vraiment bizarre que la noblesse française détruite dans sa force depuis plus d'un siècle par le gouvernement ministériel, traînée à sa suite pendant si long-temps, condamnée à un rôle qui l'humiliait et qui s'accordait si mal avec ses souvenirs; ayant vu l'esprit de mutuelle jalousie et d'inégalité, si contraire à son essence, s'introduire dans son propre sein et y apporter les luttes de vanité; jadis privée de tout pouvoir public et de toute action sur le peuple, se laissât entraîner à rechercher la même position qui

l'avait amoindrie et qui a fini par la perdre (1).
On s'étonnerait avec raison de la voir
faire hommage de ses libres suffrages, non
pas à l'autorité royale (ce serait bien mal
comprendre la majesté et la ravaler beaucoup
que de la restreindre à la volonté transitoire
des ministres) , mais se dévouer au maintien
de tels ou tels individus qui, à un instant donné,
auraient mis en commun quelques intérêts
avec elle ; de la voir protéger de son silence et
de sa docilité, les distributions de faveurs faites aux courtisans et à l'entourage ministériel.
L'occasion est belle au contraire pour se relever dans la nation, pour s'unir intimement
avec elle, pour puiser force et dignité dans
sa confiance, et pour se placer aux avant-

-----

(1) Cependant, comme on obéit à cette classe en
tremblant et à regret, on ne cède à ces vœux qu'en
prenant toutes les précautions possibles pour l'asser-
vir ; on l'humilie en disant qu'on l'élève.

(M. Fiévée, *Lettres sur le projet d'organisation
municipale.*)

postes dans la défense des droits communs.
Ce n'est pas en venant s'associer en sous-ordre
aux intrigues croisées de la cour et du cabi-
net, et se mettre à la suite des grands seigneurs pour échanger des complaisances
contre des faveurs, que la noblesse reprendra
son rang et son rôle naturel; si, comme
le dit M. de Maistre (1), la révolution fran-

---

(1) M. de Maistre est un ami sévère et même injuste de la cause qu'il défend. Le mot *dégradation
morale* ne peut-être entendu que dans un sens politique; car M. de Maistre ne pouvait avoir l'intention
d'insulter à des malheurs noblement supportés; et
quant à la dégradation politique, elle ne pouvait pas
même être imputée aux individus, mais aux institutions. Toute la morale à tirer de l'événement était
donc relative aux formes d'administration et de gouvernement. Au reste voici tout le passage :

« Une révolution n'est qu'un mouvement politique,
» qui doit produire un certain effet dans un certain
» temps. Ce mouvement a ses lois ; et en les obser-
» vant attentivement dans une certaine étendue de
» temps, on peut tirer des conjectures assez certaines

çaise a eu pour cause principale la dégradation morale de la noblesse, il est essentiel
que son caractère, déjà relevé par l'éclat du
malheur, se régénère par le sérieux, la di-

» pour l'avenir. Or, une des lois de la révolution
» française, c'est que les émigrés ne peuvent l'atta-
» quer que pour leur malheur, et sont totalement
« exclus de l'œuvre quelconque qui s'opère.

» Depuis les premières chimères de la contre-ré-
» volution, jusqu'à l'entreprise à jamais lamentable
» de Quiberon, ils n'ont rien entrepris qui ait réussi
» et même qui n'ait tourné contre eux. Non-seule-
» ment ils ne réussissent pas, mais tout ce qu'ils en-
» treprennent est marqué d'un tel caractère d'impuis-
» sance et de nullité, que l'opinion s'est enfin accou-
» tumée à les regarder comme des hommes qui s'ob-
» stinent à défendre un parti proscrit; ce qui jette sur
» eux une défaveur dont leurs amis même s'aper-
» çoivent.

» Et cette défaveur surprendra peu les hommes
» qui pensent que la révolution française a pour
» cause principale la dégradation morale de la no-
» blesse. »

(Considérations sur la France.)

gnité et l'indépendance. Il faut qu'elle puisse être par le consentement national, mérité chaque jour, la première parmi des citoyens ses égaux. Ce n'est pas vainement que la Providence inflige de sévères punitions ; elle ne tarde jamais à les renouveler, lorsque les leçons n'ont pas été comprises. Sa marche, en cette grande calamité, n'a rien eu d'inconnu ni de merveilleux, comme semble l'indiquer l'imagination mystique de M. de Maistre ; jamais ses voies n'ont été plus évidentes, jamais la liaison des causes aux effets, n'a été plus immédiate. Et si l'on veut se remettre en la même position, on arrivera infailliblement aux mêmes résultats. D'ailleurs la noblesse n'a-t-elle pas elle-même donné le branle aux idées civiques et généreuses qui, traversant les convulsions révolutionnaires et la longue épreuve d'une domination absolue, ont fini par réduire au silence ou à l'hypocrisie toutes les doctrines du despotisme. Cette nouvelle religion politique, ce respect vrai ou affecté des droits des peuples, qui les a

professés plus hautement qu'une bonne partie de la noblesse française? Ne s'est-elle pas
montrée lasse de l'état oisif et servile où elle
était retenue, de la nullité où elle était
plongée depuis un siècle? N'a-t-elle pas
voulu la première qu'il y eût quelque chose
de fixe et de constitué dans l'état? Aurait-
elle donc moins de fierté aujourd'hui, et lui
serait-il devenu indifférent de sacrifier sa propre liberté, pour jouir d'une supériorité fictive?

Ces conseils lui ont été adressés par un de
nos plus éloquens écrivains, qui semble être,
depuis la restauration, l'organe avoué de cette
cause. En 1814, il exposa avec non moins
de force que de raison, comment un gouvernement libre conférait une dignité plus réelle
à la noblesse, et comment elle participait à
l'émancipation commune. Depuis, dans un
autre écrit, il a paru croire que l'on ne pouvait, du moins en ce moment, compter
sur le consentement volontaire de la nation,
ni arriver à l'exercice des pouvoirs, par le
libre et honorable suffrage des citoyens. Il a

proposé, ce semble, d'employer tout le mécanisme, et toute la politique d'un gouvernement
absolu pour régir le peuple. Il a voulu que les
grandes habiletés de l'organisation impériale
fussent mises en usage, non plus au bénéfice
de la puissance d'un seul, mais dans l'intérêt d'un certain ordre de personnes. Le choix
des sept hommes par département, présenté
comme la seule garantie à obtenir, était une
proclamation bien claire de l'anéantissement
complet des libertés communales. C'était la
vie politique refusée à la nation. Mais sans
doute le noble auteur, allant au plus pressé,
réservait-il pour l'avenir un système d'administration et une composition sociale plus
justes et plus libres. En attendant, il marchait à l'inverse du but. C'est seulement depuis quelque temps qu'on a imaginé de se
préparer toujours à tel ou tel résultat, en faisant provisoirement le contraire. Cependant,
pour être juste, il faut reconnaître que le
noble auteur, ayant ainsi séparé nettement les
intérêts communs des intérêts privés dont il

était le défenseur, a cherché pour ceux-ci toutes les sauvegardes du gouvernement représentatif. Il n'a nullement engagé à la servitude
ministérielle, la corporation qu'il voulait établir sur le pays : il réclamait pour elle tous les
honneurs et tous les bienfaits de la liberté. On
ne sait pas bien si le roi de France ne finirait
pas dans ce système par ressembler au doge
de Venise; mais ce qui est fort assuré c'est
qu'on proposait aux Français un sort pareil
aux sujets de la libre aristocratie vénitienne.

Ce despotisme collectif serait probablement
plus difficile à établir que tout autre. Ce serait
encore une oppression contraire à l'état réel
des choses, et le gage d'une révolution prochaine. Avant tout il faut accepter l'ordre
social, car c'est là ce qu'on ne peut pas changer. Et d'ailleurs est-il quelque chose de plus
conforme à la justice et à la raison que d'imposer pour condition aux supériorités, d'être
utiles au bien général, que de forcer l'aristocratie à être selon son propre nom, le gouvernement des meilleurs?

Pour cela, il faut donc qu'elle ne soit, ni qualifiée par un droit acquis et incommutable pour régner sur les autres citoyens, ni l'instrument et le délégué de l'autorité royale. Dans le premier cas, elle ne se croirait aucun devoir. Souveraine, elle se supposerait inviolable et irresponsable de sa nature, comme l'est nécessairement tout souverain. Dans le second cas, elle n'offrirait aucune garantie au peuple, elle serait l'agent d'un pouvoir absolu et rien de plus.

L'aristocratie se compose d'influence et d'indépendance. Il faut que sa position lui soit conférée par le libre consentement des citoyens; il faut que le ministère ne puisse lui enlever cette position.

Heureux sont les pays, où l'on n'a point à créer une semblable organisation; où elle a été donnée par la succession des faits; où la possession féodale s'est transformée insensiblement en une magistrature et un patronage; où l'enceinte de l'aristocratie a cessé peu à peu d'être entourée et défendue par le privilége; où elle n'a plus été une classe supérieure, mais une situation supérieure accessible à tous ceux qui remplissent les mêmes conditions.

Quelle que soit la vanité des faiseurs de lois, surtout quand ils ont la prétention de toucher à la constitution sociale, cependant on ne doit point désespérer d'arriver en France à d'heureux résultats. Ne reprochons pas trop à des ministres de ne pas avoir proposé une loi d'institution avant qu'elle fût nécessitée, avant que les faits et les opinions la leur eussent indiquée et pour ainsi dire commandée. Ils semblent ne pas la prévoir et ne pas la désirer, c'est là leur tort; conséquemment ils courent le risque qu'elle leur soit imposée d'une manière excessive. Le législateur ne fait pas les lois, mais il les rédige. Il reconnaît le principe donné par la situation, et il doit exceller à en régler l'application. C'est là son mérite, et il est grand. Si au contraire il refuse le principe, on lui arrache des lois mal combinées, et il faut attendre que les vacillations et les tâton-

nemens de l'expérience aient enseigné la meilleure manière de mettre le principe en action.

Il était donc probablement nécessaire que
cette administration, qui nous a été léguée par
un gouvernement absolu, qui était en harmonie avec lui, qui a été salutaire dans son temps,
parût à tous en désaccord avec le nôtre ; il fallait qu'elle fût décriée et affaiblie pour qu'une
autre pût renaître. En ce sens, nous faisons
un chemin rapide, et nous avons vu que les
ministères, instrumens involontaires de la
force des choses, nous ont puissamment aidés.
Il serait temps sans doute qu'ils commenças-
sent à songer à ce qui viendra remplacer ce
qu'ils mettent chaque jour à néant.

Et remarquons aussi l'avantage de notre
position, comme nous en avons noté les inconvéniens. Tant d'intérêts et d'attributions
ont été confiés à l'administration centrale du
royaume ; le budget des finances de l'état est
si vaste, que la portion de pouvoir qui serait
confiée d'abord à de libres administrations
locales ne pourrait compromettre sérieuse-

ment l'ordre et le repos publics. A mettre les choses au pis, et à supposer ce qui n'est pas probable, la gestion des finances communales serait moins régulière. Ce n'est sûrement pas là ce qui peut causer de si grandes épouvantes aux ministres. Ils songent seulement à l'influence qu'ils croient avoir besoin d'exercer dans le sens de leurs opinions et pour leur conservation. C'est cela qu'ils ont décoré pompeusement du nom d'autorité royale, si bien qu'ils ont fini par se le persuader à eux-mêmes ; mais, comme nous l'avons montré, ce genre d'influence tire à sa fin ; il n'y a plus moyen de se faire illusion à cet égard ; et ce ne peut plus être, même pour eux, un sujet de regrets.

Il s'agit donc de faire que les citoyens puissent exprimer leur opinion sur ce qui est resté dans le domaine des intérêts locaux. Et pour cela les seuls moyens admissibles sont les mêmes que pour les intérêts généraux : c'est-à-dire l'élection libre et la délibération indépendante. Telle est la part d'attributions qui doit être toujours conférée régulièrement à l'opinion publique et qu'elle doit exercer par des organes officiels. Tel est le seul mode qui puisse établir le contrôle et la responsabilité des hommes chargés de l'action. Les hommes chargés de délibérer ne peuvent être que les délégués du peuple; sans cela il n'y a pas de communes; sans cela on nie que les citoyens aient des droits à conserver et à défendre dans cette sphère; on refuse un contrôle sincère et réel. Si l'administration ministérielle veut continuer à considérer les conseils locaux comme ses délégués et ses conseillers, elle retiendra ce qu'elle fera semblant de donner; elle refusera de donner la vie aux institutions que chacun réclame.

De l'autre côté, si l'action exécutive devenait une délégation populaire, la responsabilité disparaîtrait, et conséquemment la liberté perdrait sa plus grande garantie.

Nous reviendrons sur ces principes en traitant de leur application; ici ils servent seulement à indiquer comment peut être engendrée l'aristocratie telle qu'elle nous paraît nécessaire, et comment elle se lie intimement aux libertés communales. En effet, si les supériorités destinées à protéger les masses populaires étaient de création ministérielle, elles n'auraient point l'indépendance qui leur est indispensable. Qui les aurait faites pourrait les défaire; qui les aurait établies pourrait exiger leur soumission et leur service. Et en même temps rien ne constaterait leur influence, si elles ne provenaient pas du choix des citoyens. Par-là seulement ces aristocrates seront condamnés à la condition salutaire et morale d'exister pour les intérêts généraux ; par-là ils seront préservés d'une usurpation funeste à eux et aux autres. Par-là seulement ils obtiendront une importance réelle. Et de même que l'élection et la souveraineté des délibérations de la chambre ont élevé la position de député, de même, quoique dans une autre mesure, l'élection et l'indépendance des délibérations communales, établiront des existences supérieures dans les localités; ainsi la France maintenant inerte et oisive, deviendra forte, sérieuse et animée d'un véritable esprit public.

Reconnaissons aussi quelle union étroite existe entre la charte nationale et la charte communale, tant demandée par tous les hommes sensés. D'où croit-on que viennent ces fluctuations prolongées, ces déplorables incertitudes sur la loi d'élection des députés? D'où vient que de cette loi, il n'y a encore que le principe de posé! D'où vient que même on a pu si facilement le violer, en y accolant l'expédient tout-à-fait de circonstance, des colléges de département? Comment, depuis quatre ans, il est reconnu que l'élection doit se faire seulement par les hommes présumés capables d'élire, et par tous ceux qui présentent cette présomption; et, après avoir reconnu cette vérité, on cherche encore par quel mode elle doit recevoir son application! C'est que, par un malheur de notre situation, il a fallu faire représenter la société, avant qu'elle fût constituée, avant qu'elle eût les moyens de se connaître elle-même. Vous réunissez de cinq en cinq ans des citoyens isolés les uns des autres, qui n'ont pas eu de rapports mutuels, dont le seul lien et la seule classification sont des opinions relatives à ce que la plupart d'entr'eux n'entendent pas complétement. Alors ils ne savent autre chose que de nommer selon ces opinions et selon toutes illusions qu'elles produisent. Il ne s'agit que de cela pour eux, conséquemment ils seront dociles à toutes les intrigues qui prendront ce point d'appui.

Si, au contraire, durant ces cinq années des hommes se sont rendus recommandables par leur capacité dans l'administration communale, ont montré du zèle pour le bien public, ont rendu de bons offices à ce qui les entoure, ont acquis de la considération et de l'influence, alors ne craignez pas que les comités directeurs, les gouvernemens occultes ou les journaux puissent lutter contre des habitudes fortes et salutaires. Alors vous verrez se manifester ou se former partout des hommes sages, expérimentés, qui songeront aux affaires de leur pays. S'ils viennent recruter une opposition, comme ils n'auront pas été élus seulement parce que la renommée de leur opinion était plus bruyante que d'autres, ils n'auront pas la fâcheuse obligation de conserver ou d'acquérir cette popularité de carrefour : titre quelquefois nécessaire pour être élu, lorsqu'il n'y a pas moyen de se faire connaître autrement que par son opinion sur les affaires générales. S'ils se rangent sur les bancs ministériels, ils n'y apporteront point une flexible servilité ; on ne pourra point les transporter d'un vote à l'autre, du jour au lendemain ; car ce n'est pas à l'influence des ministres qu'ils auront dû les suffrages de leurs concitoyens, c'est à une considération personnelle qu'il leur faut conserver et qui ne résisterait pas long-temps à un semblable abaissement.

Il n'y aura donc pas réellement de loi électorale, tant qu'il n'y aura pas de liberté communale; et tant que les affaires de la nation seront gérées sur les erremens d'un gouvernement absolu, la Charte n'est qu'un accident.

CHAPITRE VIII.

Des départemens.

CONVIENT-IL que chaque département soit le siége d'une administration communale? ou bien cette division du territoire doit-elle être considérée seulement comme un mode d'administration générale? Les départemens auront-ils une existence propre, ou les regardera-t-on comme une circonscription artificielle, plus ou moins commode à l'exercice du pouvoir ministériel?

Cette question est importante et a partagé de fort bons esprits. C'est d'elle, ce me semble, que dépend tout le système d'administration communale. Plus j'ai consulté l'expérience et la réflexion, plus je me suis affermi dans l'idée que l'on ne ferait rien de régulier, de complet, ni de stable, en se bornant à créer ou à reconnaître de simples intérêts municipaux, en ne leur donnant point un centre provincial. Ce sujet doit être traité sous deux rapports. Il faut examiner si les affaires, qui de toute nécessité doivent être réglées ou accomplies dans chaque département, seront mieux conduites si on lui confère l'institution communale avec les droits de représentation et de délibération. Il faut ensuite voir si cette constitution d'un département serait bonne pour répandre dans la nation l'esprit d'ordre et de liberté, pour l'associer à son gouvernement, pour instituer une hiérarchie salutaire. Et, comme je l'ai dit plus haut, il est impossible de croire que l'on puisse obtenir un de ces avantages, sans atteindre l'autre en même temps.

Le bon sens et l'expérience enseignent que, pour que des dépenses soient convenablement réglées et accomplies, elles doivent être délibérées et contrôlées par ceux qui ont intérêt à leur montant et à leur résultat ; ainsi tout se réduit à un point facile à examiner. Les chambres sont-elles placées de manière à s'occuper avec détail, avec connaissance de cause, avec réalité, des dépenses qui doivent se faire dans chacun des départemens ? Non, sans doute ; à peine peuvent-elles surveiller d'une manière efficace les dépenses qui s'appliquent aux besoins généraux de l'état, et qui se font, ou doivent se faire d'après des règles uniformes et publiques. L'action des chambres, en fait d'administration générale, est, comme cela est naturel, plus comminatoire que réelle ; mais elle ne peut retenir, ni intimider personne lorsqu'il s'agit de dépenses que les ministres eux-mêmes n'ont pu régler que d'après des besoins locaux infiniment variés. Les ministres semblent vainement responsables en droit de la gestion de leurs agens ; en fait, l'opinion ne leur impute jamais que ce qui peut s'accomplir sous leur propre direction et leur surveillance. Hors de là, elle leur reproche d'avoir mal choisi les hommes, et non d'avoir mal géré les affaires. Si donc il n'y avait pas un contrôle local pour les agens ministériels, ils se trouveraient plus indépendans que leurs chefs ; il serait sans doute facile de les révoquer, mais rien autour d'eux ne serait disposé pour les retenir dans la bonne voie. Nous revoyons encore là cette situation insoutenable d'un gouvernement central ayant les formes de la liberté, et régnant sur un peuple privé de tous droits.

Cependant il se fait dans les départemens beaucoup de dépenses qui touchent si essentiellement l'ordre public et l'intérêt général, que l'on s'effraierait avec raison de les laisser à l'arbitraire d'une délibération, où l'intérêt local serait seul considéré. Cela est surtout digne de grande attention, après qu'on a été si long-temps habitué à se reposer de tout sur le gouvernement central, et à lui attribuer tous les devoirs, puisqu'il s'emparait de tous les droits. Il se pourrait fort bien que les délibérations communales, se voyant affranchies et émancipées, oubliassent tout-à-fait ce qui semble ne pas les intéresser directement.

Ce genre de dépenses est, dans les lois annuelles de finances , compris sous le nom de centimes additionnels. On les divise même en deux portions, les dépenses fixes et les dépenses variables. Les unes sont complétement hors de la délibération des conseils généraux, et c'est par abus de mots qu'on ne les classe pas, ainsi qu'elles devraient l'être, dans les dépenses directes du trésor. Les autres sont réglées après que ces conseils ont été consultés. Mais c'est leur avis, et non leur vote qu'on leur demande. Une troisième espèce de dépenses est aussi reconnue sous le nom de facultatives. Ce sont celles qui, pouvant se faire ou ne pas se faire sans que l'intérêt général soit compromis, ne sont point votées par les chambres, et sont laissées au libre arbitre du conseil général. Ici on se trouve dans le plein et entier domaine des libertés communales. Et cela a paru si évident, que chaque loi de finances a constamment reconnu que la destination des fonds ainsi votés, ne pouvait en aucun cas être changée par l'autorité ministérielle (1). C'est jusqu'ici le seul droit des communes qui soit explici-tement avoué en France.

Les conseils généraux ont donc deux attributions de nature diverse. Les ministres leur demandent les lumières nécessaires pour régler des dépenses faites au compte de l'état et dans l'intérêt général. Puis ils votent, aussi souverainement que les chambres, et de même sous la sanction royale, des dépenses dans l'intérêt exclusif du département.

Mais il y a entre ces deux espèces de dépenses, entre ces deux administrations, des rapports et des liaisons nécessaires, qui

____

(1) Loi du 31 juillet 1821, article 30 : Les conseils généraux pourront en outre, et sauf l'approbation du gouvernement, établir pour les dépenses d'utilité départementale, des impositions dont le montant ne pourra excéder cinq centimes du principal des contributions foncière, personnelle et mobilière, et *dont l'allocation sera toujours conforme au vote du conseil général.*

s'établissent par le fait plus que par le droit.
Ainsi il est beaucoup de chapitres de dépenses variables, où, lorsque les fonds votés par
le budget de l'état ne suffisent pas, le département se trouvant intéressé à la chose, ajoute
un supplément librement voté. Presque toutes les dépenses facultatives ne sont même
que des supplémens de ce genre.

Cela est fort heureux; car autrement la
surveillance et le contrôle des conseils généraux sur la portion de fonds qui provient du
vote des chambres n'aurait aucune efficacité.
Si l'intérêt du département ne se trouvait pas
lié à l'intérêt général, si l'économie sur les
dépenses variables n'était pas une épargne
sur les centimes facultatifs, alors un conseil
général ne serait nullement porté à donner
au ministre des avis sincères, et à exercer un
contrôle austère sur cette première classe de
dépenses. Au contraire, il pourrait arriver,
et l'on en a eu l'expérience à quelques époques de l'administration révolutionnaire,
que le département vît avec plaisir qu'on

dépensât bien ou mal sur son territoire le plus d'argent possible pris sur la masse générale du revenu public. On trouvait que c'était autant de récupéré sur le tribut des impôts.

L'action des conseils généraux sur des dépenses locales votées par les chambres est donc salutaire et indispensable. Elle est même plus réelle que l'action des chambres dont le vote n'est ici, pour ainsi dire, qu'une précaution prise d'avance contre le défaut d'esprit public qu'on risquerait de rencontrer dans des délibérations locales. Il est clair que plus le chapitre des dépenses facultatives des départemens s'accroîtrait en diminution des dépenses variables, plus on rentrerait dans le vrai, plus cela témoignerait un patriotisme éclairé dans les représentans des droits communaux.

Il n'y a réellement que ce seul moyen d'avoir une garantie de la bonne administration dans les départemens. La surveillance que les ministres font exercer sur ce qu'ils veulent garder à leur main, est illusoire; on en pourrait citer de nombreux exemples. Il y a déjà beaucoup d'années que le gouvernement impérial mit à la charge des dépenses variables le casernement de la gendarmerie, qui auparavant était une dépense opérée par le ministère de la guerre. Le montant de ces frais diminua bientôt de moitié environ. Ce serait une chose non-seulement curieuse, mais utile, que d'examiner la gestion des établissemens publics tenus directement par le ministère, et de porter par exemple, l'ordre et la lumière dans l'administration des haras et des bergeries. Il y a eu un temps, qui dure peut-être encore, où leur surveillance était soustraite même aux préfets. On assure qu'on s'occupe d'examiner cette branche d'administration; on y trouvera sûrement de bizarres résultats.

Il y a donc tout profit à avoir dans chaque département un corps dont les délibérations soient libres, réelles et fortes. C'est un moyen d'ordre et d'économie. C'est de plus un motif de zèle et d'émulation. Les représentans des droits communaux voteront d'autant plus de fonds, qu'ils influeront davantage sur la manière de les dépenser, qu'ils en surveilleront l'emploi, qu'ils pourront s'en faire rendre un compte sévère. Les citoyens paieront d'autant plus volontiers une taxe, qu'elle sera levée pour une utilité évidente à leurs yeux, et dont le bénéfice n'est ni ajourné, ni éloigné. Regardez de quelle manière commencent à se faire dans les départemens, les routes qui sont à leur charge; avec quelle facilité on obtient un grand nombre de journées de travail données gratuitement; comment on élargit et redresse le chemin sans que les propriétaires réclament d'indemnité : comment les transports se font par prestation volontaire. C'est que la dépense a été votée par le conseil général ; c'est qu'il a délégué un de ses membres pour être le surveillant gratuit des travaux ; c'est que la route passe de village en village selon les habitudes du pays, et qu'elle est dirigée suivant les besoins des habitans, et non pas pour l'amour de l'art, comme le ferait l'administration générale.

Le caractère essentiel d'une loi sur l'administration communale des départemens doit donc être une franchise entière, un abandon plein et sincère de réelles attributions. Il faut faire la part de l'administration centrale et de l'administration locale. Il faut donner au corps délibérant, qui sera institué, tous les moyens de contrôle et de surveillance. Il faut surtout que les formes dans lesquelles il doit se faire rendre compte des dépenses qu'il a conseillées ou votées soient prescrites soigneusement, de manière à ce que les agens ministériels ne puissent ni s'y soustraire, ni les éluder ; il faut leur créer une responsabilité, du moins morale, vis-à-vis de la seule autorité qui puisse bien juger de leur administration. « Il faut, comme le disait, il y a » déjà près de cinquante ans M. Turgot à » Louis XVI, trouver une forme d'après la- » quelle les choses qui doivent se faire se » fassent d'elles-mêmes suffisamment bien,

» et sans que votre majesté et vos principaux
» serviteurs aient besoin d'être instruits que
» de très-peu de faits particuliers, ni d'y con-
» courir autrement que par la protection gé-
» nérale que vous devez à vos sujets. Autre-
» ment votre majesté est obligée de tout dé-
» cider par elle-même ou par ses mandatai-
» res. On attend vos ordres spéciaux pour
» contribuer au bien public, pour respecter
» les droits d'autrui, pour user des siens
» propres. Vous êtes forcé de statuer sur le
» tout, et le plus souvent par des volontés
» particulières; tandis que vous pourriez
» gouverner, comme Dieu, par des lois gé-
» nérales. »

La nécessité de donner ainsi aux conseils
généraux une force et une liberté, qui doivent être, sans nul doute, profitables à l'é-
conomie et au bien public, indique assez
qu'entre la double fonction qu'ils ont à remplir : de donner des avis et de voter des
fonds, c'est la dernière qui doit prévaloir, et
déterminer leur mode d'existence.

Lorsqu'après tant de promesses et tant d'espérances relatives aux assemblées provinciales, l'archevêque de Toulouse eut signifié à l'asemblée des notables que : « le pouvoir » confié aux assemblées provinciales pour la » seule exécution devait se concilier avec » l'intervention de l'autorité et la surveillan- » ce des personnes chargées des ordres du » roi.... et qu'elles ne devaient exister qu'au- » tant qu'on jugerait qu'elles répondent à la » confiance qu'on leur accorde », un mé- contentement général s'éleva contre ce man- que de foi, contre ces concessions simulées, que la frayeur seule arrachait au despotisme.

Tel est pourtant à peu près l'état actuel des choses. Les intérêts locaux ne sont ni re- connus ni représentés. Ils sont censés absor- bés dans l'administration générale; seulement elle se choisit des conseillers révocables, pour lui donner des avis. Du langage de l'archevê- que de Toulouse à l'exposé des motifs du pro- jet de loi de l'an dernier, il n'y a nulle diffé- rence. A une époque comme à l'autre, on nie l'existence réelle du droit communal; on veut seulement concéder une partie de ce que la nature des choses exige. Mais le droit ne peut ni se créer, ni se détruire par une volonté humaine; il n'est rien de plus, ni rien de moins que ce qui est raisonnable, juste et durable dans une situation donnée. Si les affaires doivent être mieux faites, et la société mieux réglée, en donnant l'indépendance aux représentans communaux dans la sphère communale, par cela seul le droit existe, et le désordre protestera plus ou moins contre l'usurpation.

Nous avons remarqué que sous la constitution féodale, pour être libre, c'est-à-dire pour conserver son droit, il fallait être souverain; c'est qu'en effet c'est le seul moyen, c'est la garantie indispensable contre la force et l'usurpation. Jadis plusieurs membres de la société étaient souverains d'une portion de territoire. Eux seuls étaient libres, et encore n'était-ce qu'en introduisant dans l'état un principe de guerre et de trouble. Maintenant c'est seulement en conférant des attributions souveraines qu'on peut s'opposer à l'envahissement des droits de tous les citoyens. Là où les attributions ne sont pas souveraines et rendues inattaquables par les lois écrites, les mœurs ou l'opinion; là, il n'y a ni liberté, ni sécurité : là, ce ne sont pas la justice et l'intérêt général qui règnent, ce sont des intérêts particuliers plus ou moins habiles, calculés avec plus ou moins de prudence. Cherchons autour de nous; n'est-ce pas sous l'égide de la souveraineté que la Charte a mis toutes celles de nos libertés qui sont entrées dans son plan? La délibération des chambres sur la loi est souveraine; le choix des électeurs est souverain : la déclaration du jury est souveraine; le jugement des tribunaux est souverain. Si on le supposait autrement nous vivrions sous un gouvernement despotique.

Tout droit, qu'on veut sincèrement reconnaître, doit donc avoir ce caractère; sans cela il n'y a pas droit, il y a condescendance arbitraire de la part d'une volonté variable et transitoire. Et ne croyez pas que les citoyens se trompent sur ce caractère indispensable du droit. Sans cela ne comptez pas sur leur reconnaissance, sur leur attachement, sur leur communauté de sentimens et d'intérêts; sans cela ne pensez pas produire sur eux ces effets moraux que vous ambitionnez. La fraude sera reconnue sur-le-champ, et l'on verra que vous faites acte de faiblesse et de ruse, non de force et de franchise.

CHAPITRE IX.

Des conseils généraux.

Si donc il existe des intérêts de département; si de certaines dépenses, bien qu'essentielles à l'ordre général, ne peuvent être surveillées que par ceux qui les ont délibérées avec une connaissance exacte de leur application, alors le département doit exister réellement, et il faut abandonner à ses délégués la plénitude des fonctions dont eux seuls peuvent bien s'acquitter.

Tout ceci résout d'avance la question du choix de ces délégués. Les ministres ont eu en général des idées si contraires à toute aristocratie réelle et raisonnable, que rien ne leur a inspiré plus de répugnance et de crainte que l'élection directe des conseillers de département. On a dit que, comme « l'ad-
» ministration des départemens avait des

» effets étendus, le choix de leurs conseils

» ne saurait être exclusivement confié aux

» influences locales, et que le roi devait y

» intervenir dans l'intérêt général de l'é-

» tat (1). » En ce cas il y aurait encore bien

plus de raisons pour que le roi intervînt dans

le choix des députés ; car ils délibèrent sur

une administration dont les effets sont encore

plus étendus, et qui touche plus encore l'in-

térêt général. Écartant le prestige par lequel

on veut nous imposer au nom de l'autorité

royale, cherchons s'il est avantageux au bien

public, premier et unique intérêt de l'auto-

rité royale, que le préfet, commissaire mi-

nistériel, puisse écarter d'un conseil destiné

à contrôler son administration, les citoyens

considérables et honorés des suffrages de

leurs compatriotes qui lui inspireront quel-

que inquiétude, ou lui feront redouter quel-

que contrariété ; en effet, sous la pompe des

____

(1) Exposé des motifs de M. le ministre de l'intérieur.

paroles, il ne s'agit au fond que de cela. Pense-t-on que ces conseils dont on veut sans doute que l'influence soit grande et salutaire sur l'opinion, acquerront par-là plus de dignité et d'indépendance ? Pense-t-on qu'on favorisera ainsi l'établissement libre, tranquille et régulier de ces existences supérieures, qui doivent être, pour ainsi dire, à la tête d'un département, en régler le mouvement, en garantir la tranquillité par leur patronage ; qui peuvent avoir plus ou moins de goût pour tel ou tel ministère, mais qui se trouvent, par leur position, indissolublement liées à l'autorité royale.

Et d'ailleurs quelle puérilité de faire consister le repos de la France et la sécurité du monarque, dans la vaine précaution de donner à des commis le passe-temps de manier des noms propres ! Nous devrions bien enfin sortir de cette tradition impériale, qui nous enchaîne à tout voir dans le personnel, pour parler l'argot du temps. Cela était bon alors, quand chaque individu favorisé d'une nomination, se trouvait associé à la vaste corporation des employés d'un pouvoir absolu; quand il n'y avait d'autre moyen de se distinguer, que l'empressement ou l'habileté dans le service. Aujourd'hui que les ministres sont déterminés dans le choix des personnes, par un calcul relatif à leur propre conservation, leur faveur impose peu de reconnaissance, et n'influe pas beaucoup sur celui qui l'obtient; il sait qu'il la doit à son parti et à son opinion ; c'est eux qu'il continue de servir. Tant que leur appui peut le soutenir, il n'a pas grand' peur de ceux qui ont semblé le choisir, et ne place pas un grand fond d'espérance sur leur avenir. Ce n'est pas la nomination qui détermine ce que sera l'homme nommé, c'est sa position. Si les conseils-généraux faisaient partie d'un ordre de choses où il leur fût possible d'entraver la marche des affaires générales, ce n'est pas un brevet où se trouverait fictivement le nom du roi, qui changerait beaucoup les résultats.

D'ailleurs un ministère aura choisi les conseils généraux selon ses penchans, ou selon les exigeances d'une faction ; un autre minis- tère vient à lui succéder ; alors ce qui était en conformité avec le premier sera en dissenti- ment avec le second ; ce qui donnait aide à l'un sera obstacle à l'autre. Faudra-t-il donc renouveler tous les conseils généraux du royau- me ? L'administration locale devra-t-elle être changée de fond en comble parce que le le roi a changé de ministres ? Faudra-t-il que chaque paysan apprenne que le chemin qui passe devant sa porte ne sera pas continué parce que telle opinion a prévalu dans les chambres.? Vous voulez calmer la nation, vous voulez diminuer le nombre de ceux qui s'occupent de la politique générale sans y rien comprendre, et, loin de retirer de cette sphère le plus d'objets possible, vous y rat- tachez tout; vous faites pénétrer dans les vil- lages le contre-coup des variations ministé- rielles. Au lieu de mêler et de confondre les importances d'origine diverse, en les occupant ensemble des intérêts locaux, vous prétendez

apparemment que chaque département re-
çoive l'influence alternative d'une aristocratie
à double, c'est-à-dire qu'il n'y en ait aucune.

Un conseil général doit être la réunion des
hommes éclairés et influens d'un département.
Pour remplir cette indication, il est d'abord
nécessaire que ces conseils soient plus nombreux qu'ils ne le sont actuellement; il faut
que les affaires intérieures d'un département
deviennent une chose capitale et de haute importance; que l'opinion s'en occupe beaucoup;
que la session du conseil général soit un événement dans le pays; qu'on en attende, qu'on en
voie clairement les résultats utiles; qu'on s'en-
tretienne des questions qui y doivent être trai-
tées. C'est ainsi que les esprits apprendront à
tourner leur activité vers les choses positives :
c'est ainsi qu'aux vieilles discordes de parti,
succéderont de nouveaux dissentimens, de
nouvelles alliances qui se rapporteront à de
nouveaux intérêts. L'homme de la révolution
se concertera avec l'émigré pour obtenir une
route ou faire voter un pont; ils appren-

dront à se rapprocher et à se connaître, au lieu de s'injurier de loin. Les hommes d'une autre génération au lieu d'entrer dans l'héritage de haine de leurs parens, trouveront aliment à leur besoin d'agir. L'éducation constitutionnelle des citoyens se fera bien mieux par la discussion des intérêts que par la controverse des opinions, et il y a plus de vraie liberté à défendre des centimes contre les abus ou les concussions, qu'à déclamer à vide contre le pouvoir. Il se formera dans ces conseils des hommes qui viendront, après avoir gagné la confiance de leur pays, apporter à la chambre le tribut de leur expérience. Les conseils généraux seront assez nombreux pour se diviser facilement en diverses commissions, qui pourront examiner avec détail les objets qui leur seront soumis, et ne pas se borner à adopter de confiance le travail d'un chef de bureau de la préfecture. Là, s'exercerait, comme nous le dirons plus loin, une surveillance, la seule possible, sur l'administration des municipalités. Les préfets, qui au-

jourd'hui peuvent dérober à l'œil des ministres tant de détails de leur administration et
de leur conduite, ayant chaque année à traiter le fond des affaires, non pas avec des
hommes choisis par eux, mais avec les vrais
délégués du département, seront contraints à
la bien savoir. Ils voudront se distinguer et s'ho-
norer aux yeux d'un conseil dont les délibérations sont indépendantes. On ne pourra plus
confier ces emplois à des hommes inexpéri-
mentés, leur incapacité paraîtrait trop à plein.
De la sorte il se formera aussi des administrateurs distingués. Ce ne seront plus des commissaires qu'on révoque ou qu'on déplace selon le
caprice ministériel. Un homme qui aura gagné
la confiance de l'élite d'un département, dont
l'administration sera chère au pays, ne lui sera
pas enlevé au milieu des travaux qu'il a com-
mencés, des projets qu'il a conçus, des améliorations qu'il a concertées. On y regardera
à deux fois avant de traiter si légèrement
l'opinion d'un conseil général et de la population qu'il représente.

Mais de quelle manière fera-t-on ressortir cette importance locale, qui doit être le titre véritable pour être admis au conseil général, et que la libre élection peut seule manifester et affermir? C'est là ce qu'il faut examiner.

L'étendue d'un département est bien grande, ainsi que nous l'avons remarqué, pour qu'un citoyen puisse y acquérir une influence vraie et solide. Elle sera toujours d'opinion et de renommée, mais point de position. Conséquemment elle ne sera pas assez fondée ni stable. Elle sera sujette à trop de chances. Il arrive parfois que, dans un département, il y a telle réputation incontestable, et honorée de tous en toutes circonstances. Mais c'est à peine si l'on trouverait un assez grand nombre de ces existences respectables, pour suffire à la chambre des députés. L'élection des conseillers du département doit donc se faire sur un territoire plus restreint. Les arrondissemens de sous-préfecture n'ont point d'intérêts qui leur soient propres. Ce qui importe à une portion aussi considérable du département importe à tout le département. Les habitans de cette circonscription ne sont pas encore assez rapprochés les uns des autres pour avoir entr'eux ces relations habituelles de voisinage, qui semblent nécessaires pour que l'élection d'un délégué des intérêts locaux soit faite avec pleine connaissance. Mais un canton a tout justement l'étendue proportionnée à l'espèce d'importance et de patronage qu'il convient de mettre en lumière, de reconnaître et de faire tourner au bien public. C'est une des choses qui avaient été aperçues sous le régime impérial. Mais, selon la coutume, on ne tira de cette idée fort juste qu'un vain et ridicule essai. Tout ce qu'une autorité absolue fait de sa seule main et pour son seul usage n'a jamais d'existence, ni de force.

C'est ainsi que dans chaque département se trouveraient trente ou quarante citoyens considérables dont le pouvoir et le crédit seraient fondés sur leurs bonnes relations avec tout ce qui les entoure; qui seraient les défenseurs des intérêts de leur canton, les protecteurs naturels des habitans, les surveillans des petites administrations muni-cipales, les directeurs des travaux publics or-donnés par le conseil général.

S'il convenait de traiter ici un point plus im-portant et qui demanderait plus de développe-mens encore, nous tenterions de faire voir que c'est à cette aristocratie qu'il faudrait s'adres-ser pour le maintien du repos public; que les premières poursuites des délits, qu'une por-tion de la police judiciaire, que les fonctions du jury d'accusation seraient comprises avec le plus grand avantage dans les attributions qu'elle pourrait recevoir. Mais un tel sujet est plus vaste encore que celui dont nous avons osé nous occuper. Ce n'est pas avec quel-ques traits de plume et les articles isolés d'une loi qu'on institue des prééminen-ces sociales. Il ne faut jamais créer les fonctions pour les hommes, mais il faut chercher les hommes, après avoir bien dé-terminé les fonctions. Telle a dû être notre marche. Nous n'avons pas dit : Il faut des supérieurs et une aristocratie, et nous allons vite nous mettre à l'ouvrage pour en faire. Car c'est ainsi que l'on décrie les idées les plus salutaires et même les plus sincères intentions ; c'est ainsi qu'on répand les plus justes méfiances. En procédant de la sorte, il est clair que l'on s'occupe non pas du pays, mais des intérêts de quelques hommes ; et que, bien décidé à leur donner la suprématie, on ne fait des institutions que pour essayer de les y placer. Nous avons cherché au contraire comment l'on pourrait donner des garanties à la justice, à l'ordre et à la liberté ; et si nous avons été conduits à croire que ces garanties ne peuvent se trouver que dans une composition aristocratique, nous avons dû ne pas nous inquiéter de ceux qui viendraient y prendre place. L'élection seule peut nous donner cette aristocratie. Mais qu'on ne croie point que pour cela elle sera mobile et soumise à toutes les chances des caprices populaires. Cela peut être vrai lorsqu'on n'a d'action sur de nombreux électeurs que par des opinions générales incomplétement comprises par la plupart d'entre eux; mais ici il s'agit d'intérêts à la portée de tous; mais ici on conquiert les suffrages par des relations personnelles qui ne varient point d'un jour à l'autre, par une influence qui tient à une position établie. La probabilité de l'élection reste donc la même, tant que les titres à être élu subsistent, et c'est ce qui doit être. L'hérédité trouve même des chances suffisantes dans cette disposition des choses. Le fils qui sera pour son canton ce qu'était son père, obtiendra sans doute les mêmes suffrages. La puissance des souvenirs a un empire naturel sur l'opinion, quand d'autres motifs ne viennent pas les combattre.

Et cependant l'élection reste libre; cependant l'homme qui en est honoré est le délégué du peuple; il demeure contraint à résider parmi ses commettans, à leur rendre de bons offices, à ne les point considérer comme les appartenances d'une propriété qu'on peut à

son gré soigner ou négliger : ce qui ne man-
querait pas d'arriver s'il devait sa nomination
à l'autorité ministérielle. D'ailleurs cette élection donnera des résultats variés suivant les
localités ; là, ce sera le grand propriétaire
adonné à l'agriculture et donnant l'exemple
des améliorations, qui sera choisi ; ici, ce sera
le militaire revenant passer ses vieux jours
auprès de ses compatriotes, qui s'honorent
de sa gloire ; plus souvent encore ce sera le
magistrat impartial, ou le jurisconsulte éclairé
qui aura accommodé les procès, et donné
d'utiles conseils dans les affaires de chacun ;
dans une ville de fabrique, ce sera un négo-
ciant ou un capitaliste ; dans une autre, ce
sera l'homme qui s'est distingué dans quelqu'une des professions libérales; en un mot,
la population vous fera connaître ceux en qui
elle a confiance, et qui par conséquent ont
intérêt à la conservation de l'ordre actuel
puisque ils y trouvent une sécurité honorée.

Ce mode d'élection éviterait aussi le déplacement des électeurs. Il faut, autant que cela se peut, faciliter l'exercice des devoirs civiques; plus on laisse les hommes à leur place, plus on se donne de chances de repos, sans nuire à la liberté publique.

Resterait à chercher les conditions à prescrire pour exercer les droits d'électeur. Il faudrait, comme par la loi du 5 février, chercher quelle quotité de revenu peut laisser présumer assez d'indépendance et de lumières pour choisir les délégués des intérêts locaux : il est probable que ce revenu ne serait pas le même pour chaque département, mais la loi devrait le fixer.

Maintenant il est à propos d'examiner les objections sérieuses qu'inspire la crainte d'une institution provinciale forte et consistante. C'est de très-bonne foi qu'on peut s'alarmer en songeant à ce qui pourrait arriver, si ces autorités locales intervenaient de près ou de loin dans les affaires générales de l'état, et remettaient en délibération et en problème des lois déjà rendues, des actes déjà consom-

més : il importe d'insister sur cette considération et de la développer.

Si le mécanisme central de la Charte est
suffisant pour maintenir les libertés publiques
et les droits généraux, tout ce qui peut mettre
obstacle à ce mécanisme est une cause de
désordre ; rien ne serait plus déraisonnable
que de faire discuter ce qui a déjà été résolu
avec entière connaissance de cause ; de le
faire discuter par des hommes placés de telle
sorte qu'ils ignoreraient les motifs des résolutions qu'on leur permettait de critiquer.

En effet, quand des projets de loi sont pré-
sentés aux chambres, quand un acte quelconque d'administration devient l'objet d'un
examen ou d'un contrôle, le gouvernement
se trouve toujours présent à la discussion, soit
par les ministres, soit par les membres des
chambres qui appartiennent à l'opinion ministérielle. Les objections sont publiquement
réfutées, toutes les informations nécessaires,
tous les documens utiles sont mis sous les
yeux des chambres ou de leurs commissions.

De la sorte, l'intérêt général de l'état se trouve sans cesse mis en regard et en balance avec les intérêts locaux ou privés, qui peuvent lui être ou lui sembler contraires. C'est après avoir reconnu qu'ils ne sont pas lésés, ou qu'indispensablement ils doivent l'être, que la législature résout les questions discutées.

Dans un conseil général, il en est tout autrement. L'intérêt général n'y trouve aucun représentant. Nulle voix ne peut s'élever contre ses adversaires; rien ne peut les convaincre ni les éclairer; ils se trouvent dans un faux point de vue, et ne voient la question que d'un seul côté; nuls renseignemens relatifs aux affaires générales ne sont portés à leur connaissance.

Ainsi, de même que les chambres ne peuvent bien savoir ce qui se rapporte uniquement aux intérêts locaux; de même les conseils généraux ignorent ce qui touche les intérêts de tout le royaume. Toute invasion d'attributions de part ou d'autre serait contraire à la raison. Mais l'usurpation tentée par les pouvoirs provinciaux aurait des consé-quences beaucoup plus graves et plus promptes.

Il importe donc de la prévenir et d'articuler que les délibérations des conseils généraux se renfermeront exclusivement dans l'admi-nistration locale. Ils ne doivent, sous aucun prétexte, sous aucune forme, être admis à s'expliquer sur l'administration générale du royaume et sur les lois rendues.

Quoi, dira-t-on, refuser aux conseils gé-néraux ce que leur avait accordé le gouver-nement impérial, ne pas leur permettre d'ex-primer des vœux? A ce sujet, on pourra citer encore les cahiers des bailliages, les procès-verbaux des assemblées provinciales. Mais la position n'est plus la même. Quand l'opinion n'a pas été consultée avant la loi rendue, quand elle n'a pas été appelée à s'expliquer sur les intérêts généraux, il est simple qu'elle cherche quelqu'organe pour se faire entendre après. C'était la route désastreuse qu'on lui avait ouverte dans l'ancien régime. La déli-bération venait après la loi.

Si nous nous trouvions dans une semblable position, le besoin de la justice et de la liberté serait si impérieux, que vainement on voudrait interdire aux conseils généraux de leur servir d'organe ; la nécessité triompherait des précautions réglémentaires. Mais, ainsi que nous l'avons remarqué, ce n'est pas là que l'opinion et les habitudes ont placé les sauvegardes. Chacun se trouve bien mieux garanti par les formes délibératives du gouvernement ; c'est d'elles qu'on attend et qu'on exige de remplir leur office. Aussi depuis vingt ans qu'il existe des conseils généraux, jamais ils n'ont tendu à l'usurpation, jamais ils n'ont manifesté la prétention que leur voix fût écoutée dans les affaires générales. En posant le principe qu'ils y doivent rester étrangers, on se borne à fermer une porte par laquelle personne n'a la tentation de passer. Refuser aux parlemens le droit de remontrances était un acte de despotisme. La liberté s'était réfugiée là ; elle avait pris un mode irrégulier de s'exprimer ; mais comme on ne lui en avait pas donné un autre, il fallait bien lui laisser celui-là. Aujourd'hui les remontrances d'une cour royale seraient un désordre que l'on n'imagine même pas. L'intervention des conseils généraux dans le gouvernement et dans la législation générale ne serait pas beaucoup plus motivée, et n'est guère plus à craindre.

D'ailleurs, la meilleure précaution pour qu'un pouvoir n'usurpe point d'attributions qui lui soient étrangères, c'est de lui rendre les siennes. Quand les délibérations départementales auront la plénitude de leur autorité; quand il y régnera l'indépendance qui doit y régner; quand on aura confié aux conseils généraux le contrôle effectif de l'administration départementale; qu'ils auront des formes officielles de comptabilité à faire observer, des gestions municipales à surveiller, leurs momens seront alors consacrés à des occupations utiles et vraies, leur attention s'y dirigera toute entière. C'est de cette espèce de devoirs qu'ils seront responsables vis-à-vis de leurs commettans.

Ce qui importe aussi pour que les travaux du conseil général portent tous leurs fruits, pour qu'ils reçoivent l'appui et le secours de l'opinion, c'est de leur donner une convenable publicité. La nature de leurs occupations ne semble pas comporter que leurs séances aient des spectateurs. Ce serait une sorte de provocation à quitter l'examen des affaires positives, pour se jeter dans la politique générale. Mais les comptes d'administration et les résultats des délibérations doivent être du domaine de la publicité, et il faut les livrer à l'impression. C'est d'ailleurs le seul moyen convenable pour que les chambres ne soient pas tenues étrangères à cette partie essentielle de la conduite des ministres et à la gestion des intérêts locaux. Par-là, elles pourront connaître ce qui est abusif, ce qui peut requérir l'intervention suprême de la législature. Elles n'auront et ne doivent jamais avoir nulle correspondance avec les délibérations provinciales. Elles ne seront point un degré supérieur de l'échelle administrative , mais, par la publicité il leur deviendra possible de servir, en ceci comme en tout, d'organe officiel et régulier à l'opinion publique.

CHAPITRE X.

Des préfets.

Si les délibérations destinées à surveiller les intérêts des localités doivent être libres, il ne s'ensuit pas qu'elles doivent être chargées de la gestion de ces intérêts. Si les délégués populaires participaient à l'action administrative, on verrait disparaître le plus efficace de toutes les garanties : la responsabilité.

L'élection suppose qu'un certain nombre d'individus, unis par les mêmes intérêts ou les mêmes idées, ont voulu conférer un pouvoir à un délégué qui leur convient; ainsi le délégué aura pour appui cette agrégation d'intérêts et d'opinions. Il s'efforcera de continuer à leur complaire. Si c'est un pouvoir d'action qui lui a été confié, s'il est un administrateur, et non pas un libre contrôleur

et un conseiller indépendant de l'administration, il se trouvera porté et presque contraint à exercer son autorité au bénéfice
non pas de la société entière, mais de cette
portion de la société qui a mis confiance en
lui. Elle le défendra contre toute atteinte, et
tout son soin sera de s'assurer constamment
cette protection.

Ce n'est pas l'origine et la source du pouvoir qui assurent la liberté, c'est la position
où il est placé; ce sont les garanties dont on
l'environne. Il ne doit dériver d'aucun intérêt privé, quelque étendu que puisse être cet
intérêt. Mais il faut qu'il soit tenu d'entendre
et de consulter la libre voix de tous les intérêts, de toutes les opinions. Il faut qu'il
subisse leur examen, qu'il écoute leurs plaintes, qu'elles puissent publiquement éclater
contre lui. Ainsi, l'élu du peuple, s'il avait à
agir et non pas à parler, se sentant fort de la
majorité qui l'a choisi, croirait pouvoir abu-
ser de cette force, précisément pour la conserver. Si, au contraire, son office est de

parler et non pas d'agir, il ne pourra que réclamer la raison et la justice; il sera contraint de les alléguer et de leur rendre un hommage public. Par-là l'esprit de parti tournera à l'avantage commun, et les mauvaises portions du cœur humain recevront elles-mêmes un emploi utile au bien général. C'est ce qui fait que toute souveraineté absolue et qui embrasse les diverses sortes de pouvoirs n'est autre chose que tyrannie et règne de la force : la souveraineté du peuple, tout comme le droit divin. L'article 14 de la Charte dérive de ce principe essentiel à la liberté.

D'ailleurs, s'il est vrai que les intérêts locaux ne sont convenablement réglés que par des délibérations communales, ils ne cessent point pour cela d'être des intérêts publics. Ils sont plus restreints dans leur étendue, mais sont toujours de même nature, et n'ont aucune analogie avec les corporations que pourraient former par leur propre choix une quantité plus ou moins nombreuse d'intérêts privés. Ainsi plusieurs individus s'ac-

cordent pour une entreprise, mettent en
commun les avances, la perte ou le profit,
se créent une administration, se donnent à
eux-mêmes les garanties nécessaires. Le gouvernement, après avoir reconnu qu'il ne peut
résulter de cette association aucun trouble
dans la société, aucune violation de loi, aucune embûche à la bonne foi, ne doit s'im-
miscer pas plus dans l'action administrative
que dans les délibérations de cette réunion.
C'est un intérêt particulier plus ou moins vaste, mais qui doit librement aviser à ses propres convenances. Les membres de la corporation ont de leur libre gré contracté les
engagemens qui les lient; l'état ne doit plus
les suivre dans cette enceinte domestique.

Mais ce n'est point en vertu d'une conven-
tion particulière que le pauvre doit trouver
des secours, le malade un hospice, le commerce et l'agriculture des chemins; ce n'est
pas en vertu d'un contrat privé que les prisons
doivent être salubres, les villes propres et
illuminées. Ce sont là de ces bienfaits qui

font partie de l'ordre public; c'est un devoir sacré de l'autorité royale que d'y veiller. Ce n'est même que pour y réussir plus complétement qu'elle doit imposer à ses agens la règle des délibérations locales. Autre n'est point dans son essence l'administration des communes et l'administration du royaume; seulement les pouvoirs communaux doivent agir en concours avec l'autorité royale, comme font les pouvoirs législatifs quand il s'agit des affaires générales.

En outre, l'administration du royaume reste en contact avec les citoyens pour une foule d'objets qui ne peuvent absolument point passer dans le domaine de l'administration communale. La perception des impôts, la levée des hommes, la surveillance des grands travaux d'utilité générale, exigent impérieusement l'action des officiers royaux. Chacune de ces branches d'administration a son système particulier, ses agens à elle. Le fisc a des percepteurs pour chaque nature d'impôt. Le militaire vient chercher les recrues. Les ingénieurs règlent les travaux et leur dépense. Or, si chacun de ces agens était livré à la seule impulsion de ses chefs spéciaux, si on le mettait en rapport direct avec les citoyens, ne songeant qu'au succès de l'affaire dont il est chargé, ses façons d'agir auraient une sorte de rudesse et d'impétuosité. Le seul résultat dont il s'occuperait serait l'opération qui lui est confiée. Le percepteur presserait les redevables sans mesure. L'officier de recrutement ne songerait qu'à lever des hommes de belle taille ; l'ingénieur ne penserait point aux convenances locales. Il est donc à propos d'avoir dans chaque département une autorité qui soit le centre de toutes ces exigences spéciales, qui leur serve de guide et de modérateur, qui ait présent à la pensée le ménagement des esprits, et qui, sans perdre de vue l'exécution des lois et de la volonté royale, soit placée de telle sorte qu'elle sache bien que la première volonté royale est de ne pas fouler les peuples et les mécontenter par des formes absolues et impérieuses. Par-là s'obtiendra, adoucissement dans l'administration, et en même temps surveillance des agens de chaque spécialité.

Le genre de mérite qu'on attend de cette autorité indique assez qu'il convient mieux de la confier à un seul homme qu'à une administration collective. L'esprit de conduite, de discernement et de direction, les relations avec les individus, exigent des qualités personnelles, et n'appartiennent pas à des corps délibérans. En outre, ce serait faire disparaître la responsabilité morale. Dès que ni le public, ni les ministres ne savent plus à qui s'en prendre, et que la marche d'une administration s'enveloppe sous des résolutions collectives, la surveillance devient plus difficile; les abus s'enracinent. Chacun des membres du conseil exécutif vit en ménagement avec les autres pour ne pas se trouver isolément compromis. Il y a entre eux réciprocité de complaisance, et non point libre contradiction. Ce n'est point une volonté collective résultant d'une vraie discussion et d'une délibération, ce sont des volontés individuelles marchant près l'une de l'autre. Il se forme un partage d'attributions , et chacun se trouve être absolu dans la sienne, sans cependant être responsable.

Au lieu de cela, un homme seul se trouve pressé et environné de l'opinion publique. Il ne peut se dérober au blâme, et il peut attendre la louange pour récompense. Ses habitudes, ses relations publiques et privées, son caractère étant soumis à l'œil et aux discours du public, sont condamnés à devenir moraux et convenables. Il n'a point à imputer les résultats de son administration aux collègues qui partagent avec lui l'autorité. Il y a tel acte qui inscrirait le déshonneur sur son front, dont le souvenir deviendrait inséparable de son nom, et auquel il ne saura se résoudre, du moins tant que le frein salutaire de la publicité ne sera point brisé.

Nous avons sous nos yeux un exemple frappant de l'usage despotique et irresponsable des administrations collectives. Lorsqu'on a rétabli la censure, et que, comme de tout le reste, on a voulu en disposer dans l'intérêt d'un parti, sauf à le modérer quand on peut, on a eu grand soin d'établir, non pas des censeurs, mais une commission de censure. De la sorte, les gens qui en font partie se dérobent à l'action de l'opinion. Elle ne sait précisément à qui s'en prendre de tant d'abus et d'injustices. Elle peut bien flétrir l'institution, elle peut bien montrer un profond dédain pour la position à laquelle se résignent les censeurs; mais elle n'atteint point personnellement les actes de chaque individu, et chacun d'eux échappe à la renommée qu'il serait forcé de subir si on pouvait imputer à lui seul sa conduite individuelle.

Ce n'est donc pas dans cette forme d'administration qu'il faut chercher des précautions. Nous avons voulu les placer ailleurs, en mettant le commissaire ministériel en présence d'une autorité élective et délibérante, en appelant de toutes parts la publicité et l'influence de l'opinion.

Peut-être quelques esprits timides et accoutumés aux idées d'un gouvernement absolu, craindront de voir par-là s'affaiblir les
instrumens qu'il avait créés. Mais ce serait se
faire une étrange illusion, ce serait avoir bien
peu de connaissance de notre histoire la plus
récente, que de juger une semblable question par les seuls souvenirs du régime impérial.

Que sous un gouvernement ferme et actif,
qui avait l'ordre à établir ; qui avait tout à
régler ; qui se proposait sans cesse de grands
résultats ; qui les poursuivait avec autant
d'ardeur que d'obstination ; qui voulait ex-
primer de ce pays toutes les ressources possibles ; qui recevait le mouvement par une impulsion unique ; qui exerçait des surveillances
multipliées et croisées en tout sens, on soit
parvenu durant quelques années à avoir dans
chaque département un agent actif et vigi-
lant, cela se conçoit. Que la capacité fût
alors la condition pour obtenir ou conserver
ce genre d'emplois, c'est encore une circon-

stance qui semblerait vraisemblable, bien qu'on l'entende souvent contester. Mais il y a eu une autre expérience qui a duré plus long-temps, et qui nous apprend ce que deviennent des agens ministériels livrés à eux-mêmes, n'ayant à contenter que leurs supérieurs, et à servir qu'un gouvernement doux et inerte.

Bien peu de temps après la mort de Colbert et le bon temps de Louis XIV, en 1697, le duc de Bourgogne témoigna le désir de connaître avec détail l'état du royaume. Chaque intendant fut chargé de présenter un mémoire sur la généralité où il était préposé. Le cadre de ce mémoire lui fut tracé. On indiqua tous les documens qui devaient être fournis et analysés. Une série de questions fut soigneusement rédigée. Quelques années après, ces mémoires furent confiés à M. de Boulainvilliers, qui en a fait l'analyse. Voici ce qu'il pensa des hommes qui les avaient rédigés, des hommes qui représentaient l'autorité royale dans les provinces.

« La lecture des mémoires que les inten-
» dans ont fournis à notre prince, fait con-
» naître que, malheureusement pour la Fran-
» ce, il n'y en avait aucun qui ne soit réel-
» lement compris dans l'un de ces trois ca-
» ractères, incapacité, inapplication et pré-
» vention (1). »

Il faut lire ensuite tout ce que dit l'auteur sur l'esprit de flatterie et de servilité qui règne dans les mémoires de ces magistrats. Il faut voir comment ils étaient choisis ; dans quelles maximes et dans quel caractère public les entraînaient nécessairement ce rôle d'obéissance toute passive, et cette fonction unique de servir le pouvoir sans avoir à en répondre vis-à-vis du peuple.

« Le plus grand défaut du gouvernement
» monarchique et absolu, dit M. d'Argenson,
» c'est de vouloir se mêler de tout, de vou-
» loir tout gouverner par ses agens directs

----

(1) *État de la France*, par M. le comte de Boulain-villiers ; préface.

» et royaux. Dans le prince et son conseil,
» c'est bonne intention ; c'est pour tout ré-
» gler au mieux, pour remédier à quelques
» abus. Mais dans un conseiller particulier,
» c'est mauvaise intention, ou, si elle a été
» moins mauvaise d'abord, elle se corrompt
» bientôt ; c'est pour s'arroger plus de pou-
» voir et de profit, et bientôt il arrive que
» les abus augmentent au lieu de diminuer ,
» et qu'ils sont d'une espèce plus pernicieuse
» que ceux où peut tomber la multitude et
» le travail des gens respectivement inté-
» ressés à la chose. »

Et plus loin : « Les officiers royaux ne se
» trouvent-ils pas aujourd'hui chargés seuls
» de la police générale et particulière, de
» l'entretien de tous les ouvrages publics ,
» de l'exécution des lois, de stipuler à eux
» seuls les intérêts du public, qu'ils ne
» peuvent ni ne veulent connaître, et de
» pourvoir à toutes choses où les représen-
» tans du peuple et les plus simples particu-
» liers eussent bien mieux travaillé pour le

» commun que tous ces agens royaux qui ne
» participent à la royauté que par ses dé-
» fauts. »

Nous pourrions apporter aussi en preuves
des remontrances des parlemens (1). Les
belles remontrances de la cour des aides de
Paris, lorsqu'elle avait pour organe M. de Malesherbes (1), nous montreraient mieux encore quelle opinion les hommes sages avaient
d'une telle administration.

Plus tard, nous voyons M. Turgot mettre
au premier rang de ses devoirs la réforme du
régime absolu des intendans, et l'institution
des assemblées provinciales.

Deux ans après, M. Necker disait au roi :
« Une multitude de plaintes se sont élevées
» de tous les temps contre la forme d'admi-

---

(1) Remontrances de 1648.

(2) Mémoire présenté par les gens du roi près la
cour des syndics de Paris, Remontrances de la même
cour en 1761.

» nistration employée dans les provinces.
» Ces plaintes se renouvellent plus que ja-
» mais, et l'on ne pourrait continuer à s'y
» montrer indifférens sans avoir peut-être
» de justes reproches à se faire.

Comme cela a été dit plus haut, tous ces magistrats étaient amis de la monarchie; tous ces ministres avaient d'autant plus de goût et de respect pour le pouvoir royal, qu'ils avaient à l'appliquer au succès de leurs idées. Ce n'est pas la liberté qu'ils cherchaient; elle ne se présentait pas à eux comme but; ils travaillaient pour le service du roi; ils voulaient le bon ordre et l'économie; ils s'affligeaient de la négligence et de l'incapacité de leurs propres agens, et ne pouvaient s'empêcher de reconnaître, que telle est la conséquence naturelle de toute situation, où un homme revêtu d'autorité n'a pas de contradicteurs légitimes.

Et ainsi l'on trouverait une chaîne non interrompue d'hommes de bien, d'hommes éclairés, d'amis de leur pays, de fidèles serviteurs du roi, qui, de Fénélon (1) à M. de Malesherbes, ont déploré l'état de la France, ont réclamé la règle, la justice et le droit; ils ont vu les liens de la société se relâcher et se rompre; ils ont su apercevoir que la nation se séparait peu à peu de son gouvernement; ils ont gémi de ce que l'opinion publique, n'ayant aucun moyen légal de se mêler à l'administration, n'allait qu'à renverser et à détruire; ils ont reconnu que la pire et la plus menaçante des libertés, c'est le relâchement et l'incapacité du despotisme. Tout, dans cette situation provisoire et dans cette absence des institutions, affligeait et effrayait leurs esprits prévoyans. Sans doute alors il y avait des gens qui les traitaient de rêveurs et de chimériques : ceux-là ne savaient pas voir les effets dans les causes, l'avenir dans le présent; les uns étaient frappés de tous les signes de la maladie morale; leur imagination leur en mon-

(1) *Directions pour la conscience d'un roi.*

trait les progrès et les inévitables suites. Ils suivaient d'un œil prophétique le cours toujours nécessaire des choses humaines ; et, connaissant la route, ils étaient assurés du terme. Les autres, incapables de lire dans les symptômes moraux, ne croyant qu'aux apparences matérielles, triomphaient à leur aise lorsqu'ils avaient mis un jour au bout de l'autre, ne comprenaient pas ce qui n'est visible qu'aux yeux de l'esprit, appelaient théorie la réflexion sur les faits et la prévoyance du lendemain. Ils ont eu raison pendant beaucoup d'années, puis la révolution française est arrivée.

CHAPITRE XI.

Des municipalités rurales.

Les circonscriptions des petits territoires ruraux, qui dans le langage de l'administration se nomment maintenant *communes* dérivent de l'ordre ecclésiastique : ce sont des paroisses, et la plupart n'ont reçu une existence propre que récemment, par la suppression des dernières prérogatives féodales. Le lien qui unit ensemble les habitans de ces territoires est plus réel qu'on ne le croit. Il est hors du pouvoir des lois de dénaturer entièrement cette division du sol français, et de créer des limites arbitraires à ces petites fractions. Il s'est formé de longues habitudes ; le paysan aime son clocher ; il lui faut un curé pour dire la messe dans l'église à laquelle il est allé tous les dimanches. C'est dans le cimetière que sont enterrés ses parens ; il lui déplairait d'envoyer son enfant au baptême et au bureau de l'état civil dans la paroisse voisine. Les chemins vicinaux ont été tracés pour communiquer avec le petit chef-lieu ; l'école publique y est parfois établie, et les enfans ne pourraient l'aller chercher au loin. Enfin , il s'est attaché à l'existence distincte de la paroisse un sentiment d'amour-propre : sorte de patriotisme restreint, et mis à la portée des hommes dont les regards et la connaissance ne peuvent pas se porter au loin. Tous ceux qui ont quelque habitude de l'administration savent combien il est difficile de faire des réunions de *communes* ; combien c'est une chose mal vue des habitans que le choix d'un maire qui ne réside point. On doit donc respecter ces circonscriptions qui , au fait , sont les plus vraies de toutes.

Cependant une paroisse qui ne renferme aucune agglomération un peu nombreuse de maisons et d'habitans , où toutes les demeures sont dispersées en fermes et en petits hameaux, où l'on ne pratique que le travail agricole, n'a pas beaucoup d'autres intérêts communs que les habitudes dont nous venons de parler. Seulement, dans quelques provinces, des propriétés considérables en bois ou en pacages sont possédées par la communauté des habitans, et alors le mode de jouissance est pour eux une importante affaire.

Quelque restreints que soient les intérêts de ces associations naturelles, de ces unités de notre système politique, il paraît cependant impossible de les traiter comme des intérêts privés, et de ne pas faire intervenir la puissance publique dans leur règlement intérieur. La commune rurale ne peut pas être considérée comme un individu à qui s'adresseraient directement les injonctions des lois, et qui serait pour ainsi dire abonnée à la faire exécuter sur tous ses habitans. Cela est éloigné de toutes nos idées. Il est même douteux qu'en matière d'obéissance chaque citoyen puisse jamais trouver quelque avantage à perdre ses

relations directes avec l'administration centrale du royaume. Il y a plus, c'est que même
la gestion des intérêts locaux serait loin d'y
gagner. L'abus et l'usurpation s'introduiraient
facilement et prendraient racine dans l'enceinte obscure et isolée d'un village. Nulle
opinion ne pourrait s'y former, ni s'y grou-
per pour servir de contre-poids. Les opprimés seraient sans lumières pour apercevoir
le mal lorsqu'il ne serait pas actuel et présent ; ils seraient sans voix pour élever leur
réclamation.

Il suit aussi de là qu'il est généralement impossible d'établir un contrôle et une délibération dans le sein d'une commune rurale. Ses
habitans peuvent bien, sur telle ou telle question particulière qui les touche directement
et à l'instant même, choisir entre deux avis ;
nous reviendrons même avec détail sur
cette intervention ; mais on ne pourrait
trouver en eux de quoi former un conseil
qui surveillât la gestion et la conduite du
mandataire de l'autorité, de l'administrateur.

Les conseils municipaux actuels sont nommés par le préfet, et ne sont ainsi les délégués de personne. Mais fussent-ils élus, ce ne serait pas moins une autorité fictive et apparente, composée presque partout d'hommes sans instruction aucune, sans loisir, sans réflexion; et ne sachant rien juger ni prévoir que dans les intérêts personnels les plus palpables.

Mais il y a un moyen de faire que ce dernier degré de l'administration ne reste point livré à l'arbitraire, et qu'il devienne aussi le siége d'une opinion librement exprimée et d'un esprit public. Nous avons déjà dit que chaque canton formait un territoire assez borné pour que les habitans eussent entre eux des relations accoutumées, pour qu'ils se connussent, pour qu'ils eussent des intérêts du même genre, pour qu'ils vécussent sous les mêmes influences. Chacune des paroisses qui composent un canton rural donnerait lieu à une gestion sans importance, sans mouvement d'émulation, sans progrès vers l'amélioration. Mais un conseil cantonnal imprimerait à ces petites administrations une direction utile, un ensemble de projets et de vues. Ce serait un foyer salutaire qui répandrait dans les campagnes un attachement véritable pour un gouvernement auquel elles se sentiraient associées dans la mesure qui leur convient. Les communes du canton conserveraient leur existence distincte, leur maire, leur état civil, leurs revenus, leurs dépenses propres; mais, au lieu d'avoir sur tous ces objets la délibération d'un conseil de paysans qui ne savent pas lire, tout serait réglé par un conseil cantonnal formé de deux ou trois citoyens nommés par chaque commune, qui auraient les lumières nécessaires pour remplir effectivement leurs fonctions consultatives. Les petits grivelages des maires de campagne, les faux budgets que les préfets signent en croyant les contrôler, la mauvaise conduite des travaux publics, seraient prévenus ou reprimés par cette surveillance. La réparation et l'ouverture des che-

mins vicinaux gagneraient surtout à cet ordre administratif; car ce sont des opérations
qui, pour avoir tout leur avantage, ont besoin d'être concertées entre plusieurs communes, et ainsi ce concert se trouverait tout
établi.

Ce conseil cantonnal serait présidé par le
député au conseil général élu par le canton.
Là se trouverait l'emploi naturel de cette aristocratie qu'il est si souhaitable d'établir sur
chaque département. Plus éclairé, plus indépendant, plus au courant des intérêts généraux, ce président serait le guide de l'administration rurale, le surveillant paternel
de tout ce qui passe dans ce petit territoire.
Par-là aussi il s'instruirait de tout ce qui importe au canton, et parlerait pour lui avec
complète connaissance de cause dans le conseil général et auprès de la préfecture. Cette
institution résulte encore de la nature des
choses, et l'expérience même a servi à l'indiquer. Dans beaucoup des départemens, les
préfets, à diverses époques, ont institué une

sorte de commissaires cantonnaux, choisis parmi les principaux propriétaires, et surtout dans le conseil général, et leur ont confié la surveillance des administrations communales. Dès qu'un acte d'administration concerne plusieurs communes, c'est encore à des délégués pris dans cette classe qu'on en confie l'exécution, et elle ne saurait être en meilleures mains.

On peut aussi se ressouvenir que, sous la constitution de 1795, il y avait une administration municipale par canton, et qu'un agent municipal remplissait les fonctions de maire dans chaque commune. Cette forme a souvent été regrettée par des hommes éclairés et sans prévention.

C'est ainsi qu'on pourrait parvenir à simplifier l'administration, à empêcher l'autorité ministérielle de pénétrer jusque dans les derniers rameaux de la société, et de porter ainsi le coup mortel à tout esprit patriotique, à toute relation libre des citoyens entre eux, à toute hiérarchie ; c'est ainsi que la

nation cesserait d'être une poussière compri-
mée par le pouvoir , et dispersée au gré des
tempêtes dont il est agité; il s'y formerait des
centres d'agrégation ; l'isolement et l'é-
goïsme cesseraient d'être les maladies ré-
gnantes ; la France se trouverait digne et
assurée d'être libre et de maintenir ses lois.

Or, ce qui usurpe le plus la place que devrait occuper et la fonction que devrait remplir l'aristocratie élective, c'est la subdélé-
gation des attributions ministérielles. Il faut
lire sur ce chapitre M. de Boulainvilliers (1).
Ses expressions sont violentes et injurieuses;
elles ne s'appliquent pas aux inconvéniens
actuels des sous-préfectures; les subdélégués

---

(1) «L'on était encore bien éloigné de prévoir l'énor-
me multiplication qui s'est faite de l'odieuse magistrature des intendans par la création des subdélégués ,
nouveauté qui revêt à nos yeux des hommes inférieurs
de tout le pouvoir de la monarchie, qui livre le peuple à l'esclavage le plus dur, et la noblesse à la honte
d'une dégradation continuelle. »

(Préface de l'*État de la France.*)

n'avaient point affaire aux mêmes hommes, ni à la même législation que les sous-préfets. L'inégalité de rang qui choquait tant les souvenirs féodaux de M. de Boulainvilliers, n'existe plus aujourd'hui; mais le fond du système reste exposé au même blâme; c'est toujours l'occupation des intérêts publics soustraite aux citoyens, mise hors de leur activité et de leur influence; conséquemment leur esprit rejeté vers leur seul avantage privé, et dégradé par cet abaissement; c'est par-là que les liens moraux de la société sont rompus, et les individus ramenés aux *dispositions où sont les sauvages à l'égard les uns des autres* (1). Si pour éclairer les habitans, pour leur enseigner l'obéissance et l'amour des lois et de l'autorité royale, pour répandre parmi eux de saines opinions et d'utiles coutumes, on avait pour intermédiaires, non pas des agens soldés, privés de cette indépendance qui seule peut rendre ca-

____

(1) M. de Boulainvilliers.

pable et de bien voir et de conseiller librement; mais des citoyens éminens, revêtus de la confiance de leurs concitoyens ; parlant en leur nom au délégué des ministres ; puis parlant au nom du roi et de l'ordre public à ceux qui connaissent dès long-temps leur voix, et qui leur ont accordé confiance ; alors le pays ne formerait qu'un seul corps avec son gouvernement et vivrait de la même vie.

On peut le dire avec évidence, partout où l'œil et la main de la puissance centrale ne peuvent plus atteindre immédiatement, les choses doivent être réglées de sorte qu'elles marchent par leur propre mouvement. C'est là précisément le résultat que cherchent, comme nous, les hommes qui donnent de si bons argumens contre la centralité, et pour la classification des peuples. Mais ils n'arrivent point aux conclusions pratiques, parce que leur esprit est préoccupé par des considérations peronnelles et des intérêts particuliers.

Et ce caractère libre des hommes qui doivent servir d'interprètes à l'autorité auprès des citoyens est si nécessaire, qu'au dernier échelon du commandement, lorsqu'il s'agit des relations directes avec les sujets, ce n'est plus un employé qui peut remplir cet office; il faut qu'un magistrat resté citoyen, et n'ayant d'autre salaire que la considération publique et la bienveillance de ceux qui l'entourent, prête son secours au gouvernement, et ajoute à ses ordres l'autorité douce de la persuasion et de l'influence. Car la mairie, bien qu'elle soit une émanation du pouvoir royal, doit s'exercer à de telles conditions, qu'elle reste une magistrature populaire, et que celui qui en est chargé ait plus à espérer et à répondre devant ses compatriotes, que devant la puissance suprême. Que, par supposition, on imagine cette fonction séparée en deux parts, conférées à deux individus : l'un chargé de gérer les intérêts de la commune, d'y concevoir et d'y exécuter les améliorations, d'y maintenir le bon ordre, d'y exercer la police entre les habitans ; l'autre, commissaire à l'exécution de toutes les lois coercitives, dressant la liste des jeunes gens et les conduisant au recrutement, prêtant son nom et son appui aux rigueurs des divers percepteurs, faisant la police pour les délits que poursuit la loi; intéressé seulement à contenter ses chefs pour mériter quelque récompense, ou quelque avancement. Conçoit-on alors que le gouvernement de la nation fût possible, et que son action représentée par un agent qui ne sait qu'exiger, contraindre et punir, sans avoir nulle fonction paternelle ou bienfaisante, ne se présentât pas chaque jour sous un aspect plus odieux et plus étranger. Quelle figure pourrait faire, devant le maire, ce commissaire de toutes les duretés de la loi? N'est-il pas indispensable qu'une fonction tempère l'autre, et que les citoyens apprennent d'une bouche désintéressée qu'il faut obéir à la loi et qu'elle est faite pour leur propre intérêt? Aussi nulle vérité n'a été mieux reconnue par tous les hommes sensés. « C'est, par exemple, un monstre

» indéfinissable, dit M. d'Argenson, qu'un
» maire, officier vénal du roi. Il doit être
» l'homme du peuple, ou il n'est rien. » Et
M. Bergasse : « Le despotisme commen-
» cera toujours pour un peuple, du moment
» que la police de ce peuple passera des
» mains de ses préposés dans les mains des
» préposés du gouvernement. »

Mais il nous semble que ce serait tirer
une conséquence exagérée et fausse, que de
faire cesser ici toute délégation royale, et de
confier uniquement à l'élection populaire le
choix d'un agent d'exécution. L'ordre public
en souffrirait sans aucun doute, car le magistrat purement électif ne se sentirait aucun
devoir vis-à-vis du gouvernement. Il doit
être porté à adoucir l'action de la loi, mais
non pas à l'éluder et à y soustraire les habitans ; et c'est ce qui arriverait s'il était leur
homme et rien de plus. En outre, et nous
ne saurions trop le répéter, la plus vraie de
toutes les libertés, c'est la responsabilité des
administrateurs. Cette responsabilité ne con-

siste pas seulement dans la punition qu'on peut encourir si l'on est coupable; en ce sens tout citoyen est responsable de sa conduite; tout juge l'est aussi quand il commet forfaiture. L'espèce de responsabilité habituelle, utile à la société, doit consister évidemment dans la nécessité d'être surveillé et contredit par de libres délibérations; or ces délibérations n'auront pas tout leur effet si l'administrateur et ses contrôleurs sont délégués, les uns comme les autres, par la même majorité populaire. De plus ne faut-il pas que lorsque l'opinion a su ainsi se manifester officiellement sur un agent et sur sa conduite, il puisse être révoqué de ses fonctions s'il s'en acquitte mal? Donneriez-vous donc au pouvoir ministériel le droit de révoquer l'élu du peuple? cela serait contradictoire : de le suspendre? alors, voici les électeurs constitués en tribunal. Rendriez-vous l'élection fréquente afin de multiplier les occasions de destituer le magistrat incapable et abusif? mais ce ne serait pas autre chose que de mettre sans cesse aux prises les suffrages qui l'ont nommé avec ceux qui l'avaient exclu, et vous ne lui imposeriez par-là d'autre devoir que de prévariquer selon les penchans d'une majorité qui le puisse protéger. Dans le cours habituel des affaires, quel serait le recours contre lui? A qui se plaindre de celui que le peuple aurait choisi? Si ses actes pouvaient être infirmés par un supérieur, délégué des ministres, ce serait encore une contradiction manifeste, et l'élection ne serait qu'une apparence. Elle n'aurait dans cette hypothèse d'autre résultat que de donner au préfet un instrument qui, n'appartenant pas comme lui à la hiérarchie de la puissance exécutive, lui fournirait une excuse valable pour les mauvais succès de son administration. Si, au contraire, le maire est l'agent délégué de l'autorité du roi, voyez comment de proche en proche tout l'état vient servir de garantie contre les abus. Cet agent est-il infidèle aux règles de son devoir, vous en portez plainte à son chef, et parcourant ainsi les degrés successifs du pouvoir, si justice vous est refusée il n'est pas impossible que vous puissiez mettre en mouvement les grands rouages de la Charte; et les ministres peuvent avoir à s'expliquer devant les chambres sur la conduite de leur subordonné.

Si les citoyens pouvaient s'assembler chaque jour sur la place publique, ils nommeraient ou révoqueraient leurs administrateurs, selon qu'ils en seraient contens ou mécontens. Mais dans une monarchie libre, où toutes les institutions ont dû faire du roi l'état personnifié, c'est à lui à entendre la voix de l'opinion, à juger de la conduite journalière des hommes, à choisir ceux qui sont supposés bons, à rejeter ceux qui sont reconnus mauvais.

En un mot, on peut dire aux amis de la liberté ce qu'on a déjà fait remarquer aux serviteurs du pouvoir : c'est une pauvre ressource que de placer des garanties dans les noms propres. C'est dans le mécanisme des fonctions, et la position de ceux qui les exercent, que se trouvent le bon ordre et la justice. Ainsi nous disons aux uns : si vous convenez que les fonctionnaires délibérans doivent opérer et conseiller avec réalité et indépendance, ôter leur nomination au peuple, c'est seulement les dépouiller de leur importance, sans les rendre plus dociles. Et nous disons aux autres : donner au pouvoir exécutif des agens contre son gré, ce n'est pas autre chose que de diminuer sa responsabilité.

Mais comme il serait absurde en même temps que cette magistrature perdît son caractère essentiel de popularité, comme rien ne serait plus contraire au bon sens que de donner à une commune un maire qui n'eût pas sa confiance, le roi a besoin que les délégués ministériels n'abusent point de son nom, ne se laissent point aller à des préventions personnelles, ne cèdent point à des intrigues locales, en choisissant des maires contre le gré de l'opinion. Ce choix doit donc être subordonné à des conditions fixées par la loi. Car ce qui est toujours et constamment raisonnable doit être prescrit par la loi; alors elle est destinée à servir de garantie, en même temps au roi contre les intérêts transitoires de ses ministres, et au pays contre leur mauvaise administration. Ainsi il a été reconnu que les soldats seraient mieux conduits par des officiers expérimentés, et que les officiers seraient plus zélés pour leur devoir quand ils seraient sûrs d'en être récompensés; en même temps on a pensé que l'intérêt temporaire des ministres pouvait être de distribuer des faveurs, et de céder à des recommandations. Alors le roi, pour s'assurer que sa vraie volonté sera accomplie, et qu'on ne surprendra point sa religion, a imposé un devoir légal à ses ministres; il a frappé de nullité l'abus qu'on pourrait faire de son pouvoir.

De même il s'agit ici de savoir qui des électeurs de la commune, ou du préfet, fera au roi les indications les plus raisonnables et les plus sincères; il s'agit de savoir s'il sera permis au préfet de commettre la faute grave de mettre à la tête d'une commune l'homme dont elle ne se soucie point. C'est, au reste, ce qu'avait reconnu même le projet de loi de l'an dernier : « Le maire est nommé, y lisait-on, par le préfet au nom du roi, et choisi parmi les conseillers municipaux. » Il est vrai que ce projet, dont toute l'habileté consistait à échapper aux principes, lorsqu'il était obligé de les avouer, ajoutait : Ou parmi ceux qui ont rempli précédemment les fonctions de maire; » ce qui laissait, comme on voit, une grande latitude; car, grâce aux changemens antérieurs de gouvernement, et aux variations ministérielles, la liste des candidats eût comporté le libre choix entre les hommes les plus opposés.

Il est vrai que dans les moindres communes, qui n'auraient que deux délégués au conseil municipal de canton, il y aurait peu à choisir. C'est qu'au fait il en est ainsi, et que dans de telles communes la nomination du maire est déjà à présent presque commandée. Le nombre d'habitans aptes à remplir cet office est fort restreint. Souvent même a-t-on peine à en trouver un seul. D'ailleurs, les affaires de ces communes ont peu d'importance, la police y est facile. C'est une suite nécessaire de l'ordre social, que plus des intérêts sont petits et se rapprochent des intérêts privés, moins ils donnent accès à la puissance publique, moins son intervention est nécessaire.

C'est aussi ce qui rend nécessaire de conserver, sous quelques rapports, à de telles administrations le caractère d'association entre des individus, et de gestion domestique. Le conseil de canton peut bien veiller à ce que les revenus disponibles de la commune reçoivent un bon emploi; il peut bien s'occuper de tout ce qui est avantageux ou nuisible à l'ensemble de ses habitans. Nous avons reconnu que généralement ils n'avaient point assez de lumières ni de prévoyance pour concevoir une opinion sur de telles affaires; mais ils savent très-distinctement ce qui est à leur gré, dans tout ce qui exige d'eux un sacrifice non accoutumé, dans tout ce qui doit leur porter un bénéfice actuel. Vous ne leur feriez même pas bien comprendre qu'ils aient, à cet égard, délégué leurs pouvoirs et accordé leur confiance. Le seul moyen donc de leur faire exercer leurs droits, et de les associer à ce sentiment universel d'amour de l'ordre qui honore une nation, et qui prend naissance dans la faculté qu'a chacun d'influer sur ce qui le touche, c'est de conserver une forme qui nous a été léguée par les temps passés, et qui n'a jamais été abolie, tant elle est raisonnable. Il faudrait déterminer légalement et avec soin les cas où l'on recueillerait, par voie d'enquête, le dire des habitans sur une question donnée. C'est ce qui, dans le langage administratif, se nomme le procès verbal *de commodo et incommodo* : formalité souvent exigée par les ministres eux-mêmes, et dont on a toujours plus ou moins senti l'utilité ; seulement le mode de cette enquête étant réglé et prescrit, elle dégénérerait aussi peu que possible en un vain semblant. Les propriétés communes, et la manière de les partager ou d'en jouir, l'établissement d'une taxe extraordinaire, la suppression d'un chemin vicinal, se trouveraient ainsi soumis à cette information préalable; pour obtenir l'assentiment de la généralité des habitans, il faudrait se donner la peine de leur faire comprendre que c'est de leur avantage qu'on s'est occupé.

On a pu s'apercevoir par tout ce qui précède qu'il ne s'agit point d'une émancipation entière de l'administration communale, ni de la livrer à elle-même, sans que l'administration générale du royaume n'y ait plus aucune part. Elle, aussi, doit exercer une surveillance salutaire, non-seulement, et cela va sans dire, sur tout ce qui touche à l'ordre public, mais aussi sur les dépenses et les revenus des communes. En vain chercherait-on les meilleures garanties dans les conseils locaux, l'expérience enseigne qu'elles ne seraient point complètes ; et que sur ce théâtre resserré et sans retentissement, l'abus et le désordre peuvent facilement s'introduire ; une autorité délibérante qui ne vit pas dans la publicité, qui ne se sent pas observée et contenue par une opinion clairvoyante et armée d'un langage bruyant, ne saurait jamais être un dépositaire invariablement fidèle. Autrefois ce qu'il y avait de libertés communales servait souvent à favoriser de graves abus; les priviléges restés aux villes étaient (comme tout ce qui porte le caractère du privilége, toujours si différent du caractère du droit) un moyen de désordre et d'injustice, et non pas une garantie publique. Les administrations communales contractaient souvent des dettes, sans prendre nulle précaution pour les payer. On pourrait citer plusieurs arrêts du conseil qui, traitant les créanciers des villes comme on traitait alors ceux de l'état, autorisaient des banqueroutes. Lorsque la révolution est arrivée, la ville de Lyon avait quarante millions de dettes , et nulle disposition n'était faite pour les rembourser.

La régularité de l'administration communale doit donc résulter de l'indépendance de l'autorité délibérative, mais aussi de la sanction royale. Le principe de la Charte et de la liberté doit se retrouver à ce degré de l'échelle, comme aux deux degrés supérieurs. Par une conséquence nécessaire de ce principe, le vote d'une dépense doit être absolument indispensable pour qu'elle puisse être ordonnée ; sans cela les conseils municipaux n'auraient pas d'existence réelle : ils seraient une dépendance des agens responsables, et non pas une garantie contre leur autorité absolue ; sans cela il n'y aurait point d'administration locale , et les revenus communaux n'appartiendraient point aux communes. Et qu'on ne prétende point que les conseils municipaux n'ont pas droit absolu sur les revenus communaux qui ne proviennent pas d'un impôt voté par eux ; ce serait précisément nier que les communes sont propriétaires.

D'ailleurs, que font les chambres si ce ñ'est de voter les dépenses de l'état, et à leur occasion, de consentir des impôts. La preuve en est qu'un revenu de l'état qui n'est pas un impôt, le produit des forêts, par exemple, n'est pas plus disponible sans une loi, que le montant des contributions.

La question est donc de savoir si l'on pourra continuer de disposer arbitrairement du revenu des communes et d'ordonner des dépenses qu'elles n'ont pas votées.

Ceci est d'autant plus important à examiner qu'on a imaginé dernièrement de transporter au préfet quelques attributions du ministre, pour diminuer, dit-on, la centralité. Ce n'est pas faire autre chose que de surveiller moins les agens d'une autorité absolue ; c'est suivre la même voie qui avait si promptement fait dégénérer l'institution des intendans. Tant il est vrai que lorsqu'on se met dans la même position, et qu'on professe les mêmes doctrines, on arrive bientôt aux mêmes conséquences. Il est évi-

dent que les méfiances et les polices du régime impérial maintenaient dans le devoir
les agens de l'autorité. Détruire ce contrôle
sans en instituer un autre, c'est de la faiblesse et du laisser-aller, et rien de plus.

On objecte que l'on ne peut livrer à l'arbitraire des délibérations les objets qui inté-
ressent l'ordre public. On craint que les
villes ne veulent plus avoir de pavés ni de
réverbères ; que les villages veuillent détruire leur fontaine et laisser tomber leur
église. Il y a certains esprits que la délibération de plusieurs hommes effraie et cha-
grine ; leur imagination se les représente
toujours concluant à l'absurde, tandis que la
résolution absolue d'un seul homme a pour
eux une présomption toute acquise de justice
et de raison. Ce n'est pas ainsi que les choses
se passent. Les citoyens n'ont jamais répugnance à ce qui est pour eux d'un avantage démontré ; l'expérience nous servirait
partout de preuves. Et s'il ne faut pas d'injonction du gouvernement pour que chaque

ville, dès qu'elle a assez de revenu, fasse paver et éclairer ses rues ; si l'on remarque partout dans les conseils locaux d'autant plus de tendance aux améliorations qu'il y a plus de sécurité dans l'emploi des fonds votés, alors on peut ne se pas tant inquiéter, et se convaincre qu'on marchera au contraire d'un pas plus rapide dans cette route, lorsque l'action de l'esprit communal aura plus de liberté.

En outre, pour les institutions de charité, d'éducation et de religion, il sera facile de demander aux communes, avant d'autoriser un établissement, de l'assurer pour toujours au moyen d'une fondation ; alors le revenu de la fondation deviendra exigible comme une créance. Car personne ne peut songer à faire dépendre le paiement d'une dette reconnue d'une délibération du débiteur. C'est le seul cas où une dépense doive être inscrite d'office sur le budget de la commune.

Si donc les chambres étendaient aux communes les dispositions de l'article (1) qui se trouve répété depuis plusieurs années , pour les départemens dans la loi annuelle des finances; si l'on déclarait que l'allocation des dépenses sera toujours conforme au vote du conseil municipal; c'est-à-dire, que le préfet ou le ministre peut refuser la sanction royale à une dépense, mais ne peut jamais dénaturer un vote en reportant sur un article ce qu'il retranche à un autre, on aurait posé le premier principe de l'administration communale.

____

(1) Loi du 31 juillet, article 30.

CHAPITRE XII.

Des villes.

Les mêmes principes qui sont indispensables pour créer de véritables municipalités rurales doivent aussi trouver leur application dans l'administration des villes; mais leur nécessité est ici plus urgente et encore mieux démontrée. Dans les villes, l'on a affaire à une opinion bien plus active, à des intérêts beaucoup plus variés, à une gestion plus compliquée, à une police plus difficile; en général, l'esprit démocratique règne dans ces réunions d'hommes; c'est-à-dire, que les influences y sont plus vives et moins stables. En même temps les villes sont le théâtre où se passent des événemens plus décisifs, et d'où se propagent plus ou moins vite les impressions qui se répandent de proche en proche dans toute la population. Il est donc bien important que les habitans soient animés d'un esprit de conservation et de maintien ; il faut les attacher à l'ordre existant, en leur montrant, avec évidence, qu'autour d'eux tout est disposé pour leur plus grand avantage ; les villes, surtout lorsqu'elles sont grandes, comptent toujours, quelque chose qu'on fa... un si grand nombre d'individus oisifs, ou corrompus, ou misérables, que cette partie de la population doit être surmontée d'une bourgeoisie sage et amie du repos, qui puisse regarder la chose publique comme sienne, et qui s'y associe par voie de délégation et d'opinion. Ces conditions ne peuvent s'accomplir qu'au moyen d'un conseil municipal librement élu, et dont les attributions soient fixes et respectées. Souvent un semblable conseil peut avoir une importance au moins égale à celle d'un conseil général de département. Il dispose parfois de revenus au moins égaux, et influe sur une population plus rassemblée et plus forte.

Le maire d'une ville est, par les mêmes raisons, un magistrat fort considérable. Ses fonctions bienfaisantes et paternelles, sa police municipale, l'influence qu'il peut devoir à sa position personnelle et à son entourage, le placent souvent au-dessus du préfet, et lui donnent une importance plus réelle. C'est dans le contrôle du conseil municipal qu'il doit trouver son contre-poids. Pris dans son sein, et désigné par les suffrages du peuple au choix du roi, son autorité aura sans cesse besoin de se conserver cet appui ; il se sentira porté à cultiver cette popularité qui est le plus beau lustre et la plus grande récompense de sa magistrature. Son pouvoir s'exercera d'une manière plus délibérative que dans toute autre administration. Un conseil municipal se rassemble facilement dans une ville ; tous les membres vivant ensemble dans l'habitude de tous les jours, peuvent, même sans être officiellement rassemblés, influer par leur opinion sur la gestion du maire. Les formes de la comptabilité doivent rendre facile la surveillance exacte des dépenses. La perception des revenus, les tarifs des impôts indirects levés au compte de la ville, exigent de la part du conseil municipal plus d'action, de soins et de connaissance que n'en demandent ordinairement les délibérations de tout autre conseil.

Par la force des choses, une grande ville offre donc ce qu'il y a de plus élevé et de plus réel parmi les intérêts communaux. Il en a toujours été ainsi ; mais c'est d'elle seule qu'on peut tirer les moyens de la bien administrer et d'y répandre un salutaire esprit. L'action directe et les commandemens du gouvernement central n'y produiraient que peu effet ; comme aussi l'on n'aurait aucune garantie du bon ordre dans les affaires, ni de la sage impulsion imprimée à l'opinion, si toute cette existence communale d'une grande ville ne se passait point sous la sanction royale. Ce n'est pas une indépendance fédérale dont il s'agit ; elle n'est même pas possible à imaginer aujourd'hui : c'est la Charte appliquée dans sa forme et dans son esprit à cette branche de l'arbre social, laissée jusqu'à présent sans direction et sans appui.

C'est précisément pour que l'opinion des villes se porte sur des objets qui les intéréssent, c'est pour qu'elle ne contracte point des penchans funestes en dirigeant son activité vers les discordes de la politique générale, qu'il faut que cette institution municipale soit conçue en entier dans cet esprit de franchise. Les attributions du conseil, le sentiment de son indépendance dans les choses qui sont de son ressort, établissent assurément une garantie et la meilleure contre l'esprit fédéral; mais il en faut d'autres encore. Il est nécessaire que le mode d'élection indique qu'il s'agit de représenter des intérêts communaux, et non pas des opinions politiques.

Ainsi il ne suffira pas d'assigner un cens qui confère le droit d'élire aux citoyens présumés capables de cette fonction, puis de les rassembler tous en une seule masse, et de s'en rapporter à la majorité. Dans ces nombreuses assemblées, les esprits sont sujets à s'animer par les sentimens de faction, et à oublier même des intérêts qui les touchent de plus près.

Ces intérêts, comme nous l'avons observé, sont de nature variée. Le commerçant et le propriétaire de maison ne sont pas atteints par les mêmes taxes ; le manufacturier qui a de nombreux ouvriers conçoit sur le tarif des droits de consommation d'autres idées que le rentier ou le possesseur de terres. Puis viennent aussi les intérêts de quartier, de profession ; quelquefois les diversités de religion. » La perfection, » dit M. le comte de Saint-Aulaire, dans un écrit très-ingénieux qu'il a publié sur cet objet, et que nous ne pouvons presque que répéter, « la perfection » serait que la formation d'un conseil muni- » cipal pût être combinée de telle sorte, que » chaque nature d'intérêt obtînt dans le con- » seil un nombre de voix proportionné à » l'importance de cet intérêt dans la com- » mune. »

Il n'y a guère qu'à Paris où, en divisant

élection par quartiers, on pût atteindre en quelque sorte ce résultat ; ailleurs, les villes ne sont pas assez vastes pour que ce soit là un moyen de classer les habitans selon leurs divers intérêts. Ce sont d'autres circonstances qui déterminent la manière dont ils sont divisés et groupés.

Un des moyens qui se présentent le plus naturellement à l'esprit, c'est de ranger les citoyens par ordres et par professions. Les coutumes et les édits qui réglaient la formation des anciennes municipalités des villes procédaient en effet de cette sorte, et rien n'était plus raisonnable. La population était ainsi divisée. On s'adressait à elle pour qu'elle produisît une représentation classée comme elle. Aujourd'hui la population n'a pas de division fixe ni officielle. Ce qu'on pourrait tenter à cet égard ne porterait sur aucun fondement réel. A supposer même que dans le classement arbitraire qu'on ferait, on parvînt à ne pas heurter ouvertement les habitudes actuelles, on courrait du moins le risque d'empêcher les citoyens de s'unir par des intérêts qui, n'ayant pas été aperçus ou prévus, auraient été placés dans des divisions différentes ; en effet nous avons vu que les professions ne pouvaient plus être considérées comme établissant des relations nécessaires et des affaires communes.

Ce qui importe le plus, c'est de laisser la société manifester librement ce qui est en elle, et donner une expression de ce qu'elle est. Or, il s'agit ici de ne pas accorder à la majorité le privilége de priver la minorité de toute représentation. Ce n'est pas comme pour la nomination des députés, où, l'élection portant sur la France entière, la différence de localité offre des chances à chaque opinion. D'ailleurs les intérêts généraux trouvent toujours des défenseurs, ne fût-ce que par la force de l'esprit public ; mais des intérêts restreints ont besoin de leurs délégués spéciaux.

M. de Saint-Aulaire développe tous les avantages d'un mode qui préserverait les minorités, de l'oppression des majorités , qui offrirait aux électeurs l'occasion de se classer selon leurs intérêts , et d'obtenir une représentation pour chacun des groupes qui existent réellement dans la population.

Ce mode consisterait à nommer non pas au scrutin de liste et à la majorité absolue; mais chaque électeur ne porterait sur son bulletin qu'une seule désignation , et pour être élu, il suffirait d'obtenir un certain nombre de suffrages, proportionné au total des électeurs et à la quantité des nominations à faire.

Ainsi mille électeurs ont vingt nominations à faire. Chacun d'eux donne sa voix au candidat qui lui paraît plus utile pour soutenir le genre d'intérêts qui le touche. On dépouille le scrutin , et tous les candidats qui ont obtenu au moins cent suffrages sont proclamés membres du conseil municipal.

De la sorte, l'élection n'appartiendrait ni à une opinion dominante , ni à des intérêts exclusifs. Les électeurs auraient toute liberté de s'unir entre eux selon leurs relations naturelles , selon leurs affections communes , selon les liens qui les rapprochent. Cent petits commerçans nommeraient le capitaliste ou le manufacturier qui fait des affaires avec eux ; tandis que cent avocats, avoués ou notaires, nommeraient un magistrat ou quelque orateur distingué au barreau. Si l'on avait à classer les électeurs par la loi, on serait fort en peine, et l'imagination la plus féconde pourrait bien ne pas aller au delà des trois colléges , des propriétaires , des commerçans, et des professions lettrées. Au lieu de cela , laissez faire les tendances naturelles , elles en savent plus que vous. Par-là vous apprendrez à les connaître ; autrement vous pourriez les ignorer , les contraindre , et nuire au classement de la société, au lieu de le favoriser.

CHAPITRE XIII.

Résumé.

Il existe des intérêts locaux et des relations du gouvernement avec les citoyens, dont l'administration centrale et ministérielle ne peut rester chargée avec efficacité.

Il est dangereux de ne donner à l'activité des esprits d'autre aliment que la politique générale, qui est hors de la portée d'un si grand nombre d'individus. Il l'est encore plus de présenter en même temps à leurs regards les seules affaires dont ils puissent bien juger, gérées avec négligence et sans garanties.

Un peuple ne peut se flatter d'avoir des institutions, tant que l'esprit de délibération s'applique seulement à la formation de la loi et à la surveillance des ministres, tandis qu'en même temps l'obéissance passive et l'autorité absolue forment le caractère de toutes es autres relations des citoyens avec leur gouvernement.

Si au contraire le pouvoir royal soumettait ses agens inférieurs au contrôle et à la surveillance des délégués de l'intérêt local, comme il a imposé à ses ministres le contrôle et la surveillance des délégués de l'intérêt général, un seul et même esprit animerait la nation ; une hiérarchie progressive établirait une chaîne non interrompue entre le monarque et les sujets

En donnant un tel emploi aux citoyens que leur position élève au-dessus de leurs égaux, on leur confère une influence utile pour le bien général ; on rend leur situation plus durable et consacrée par le consentement populaire. Ils environnent le gouvernement d'un cortége honorable et fidèle. En même temps ils défendent les libertés du pays contre les usurpations des agens du pouvoir.

Lorsque les grands corps d'un état se trouvent seuls chargés de défendre les libertés nationales, et de maintenir le bon ordre, leur action est incertaine et irrégulière. L'esprit de despotisme n'ayant à franchir que ce seul rempart pour rencontrer une obéissance passive, trouve toujours le moyen de surmonter ou de tourner cet obstacle.

Les gouvernemens et les administrations qui ont eu le malheur de réussir dans ce travail de ruse, de corruption ou de violence, deviennent étrangers à la nation ; ils tombent entre les mains des intérêts privés. Indifférens au bien général, n'ayant plus pour guides et pour surveillans les organes légaux de l'opinion publique, ils s'amoindrissent et s'avilissent de plus en plus. Leur affaiblissement est un symptôme et une cause de la dissolution de la société. Rien n'y a plus d'ordre ni de fixité ; l'esprit public y contracte des habitudes de licence et d'hostilité ; les droits et les devoirs y deviennent inconnus. Le repos et le bien-être n'excitent plus aucune reconnaissance et ne promettent aucune sécurité.

C'est ce danger terrible sur lequel nous avons voulu appeler la prévoyance des bons citoyens. Il nous a paru que loin d'avancer dans cette route d'amélioration et de perfectionnement que le roi a ouverte pour la France en lui donnant la charte; loin de profiter de ce moment de calme extérieur et intérieur, et du peu d'exigence des esprits harassés de tant de secousses, nous marchions peu à peu vers cette fermentation sourde, ce malaise moral, cette dispersion et ce désordre des opinions, qui amena il y a plus de trente ans la chute de la monarchie. Nous avons cru entrevoir que le même genre d'intérêt, les mêmes cabales, les mêmes misérables obstacles, empruntant le manteau du gouvernement représentatif, venaient se placer entre le roi et le peuple, et empêcher l'ordre de s'établir de peur de n'y pas trouver la place qu'ils ambitionnent. Il nous a semblé que les dépositaires du pouvoir n'avaient pas osé regarder l'avenir, de crainte d'avoir à se décider dans le présent;

nous nous sommes affligés de les voir ne rassurer et ne satisfaire personne, parcequ'ils ne donnent à personne l'idée de la durée et de la sécurité. Nous avons cru que la France ne méritait pas une si injurieuse méfiance, qu'on y pouvait trouver des lumières, de la raison, de bons et nobles sentimens, qu'il suffirait de leur donner de l'emploi et de les occuper au bien du pays. Enfin quand le roi a promis d'achever son ouvrage et de fermer l'abîme des révolutions, nous avons pensé que ce n'était point par des expédiens provisoires qu'il pouvait être comblé, mais par d'honorables institutions, dignes de notre patrie et de son législateur.

Barante
Des communes et de l'aristocratie

E DE PAIN.